Gerald Krieghofer

Die besten *falschesten* Zitate aller Zeiten

MOLDEN

Für Tobias
zum Geburtstag
29.12.2023

Gerald Krieghofer

Die besten *falschesten* Zitate aller Zeiten

Was Einstein, Freud und Pippi Langstrumpf so niemals gesagt haben

„Lasst, die ihr eintretet, alle Hoffnung fahren!“

DANTE ALIGHIERI

„“

Inhalt

„“

Von Kuckuckszitaten und dem Glück der Parömiologie

EINE KURZE GESCHICHTE DES FALSCHEN ZITIERENS

Geben Sie es ruhig zu: Auch Sie lieben treffende Zitate von berühmten Menschen, die einen klugen Gedanken, eine tiefsinnige Weisheit, eine stille Erkenntnis, eine bislang unentdeckte Wahrheit in brillant formulierten Wörtern zu einer geschliffenen Sentenz verdichten – und so auch ein wenig auf jene abstrahlen, die sich mit diesem Zitat schmücken. Das ist keinesfalls eitel, sondern bloß menschlich, überaus hilfreich und – gestehen wir es uns ein – sehr bequem. Rasch auf einer einschlägigen Website ein passendes Sprüchlein zum jeweiligen Thema herausgefischt, und schon überträgt sich der Geist der Berühmtheit auf Hochzeits- und Traueransprachen, politische Reden, Online-Präsentationen, Keynote-Speeches, Romane, Dissertationen, Grußworte, Durchhalteparolen, Bilanzpräsentationen, Zeitungsreportagen und manchmal sogar auf Stammtisch-Debatten. Besonders oft zitiert wird übrigens in Management-Ratgebern. Und das vor allem besonders falsch.

Allein diese Aufzählung zeigt: Ein Zitat geht immer. Bloß wurden viele dieser weisen Sätze im Laufe der Zeit verfremdet, stammen gar nicht von der Urheberin oder dem Urheber oder wurden schlicht erfunden. Die Gründe reichen vom einfachen Irrtum bis zu böswilliger Propaganda. Ein regelrechter Beschleuniger für die epidemische Verbreitung falscher oder zumindest halbwahrer Sprüche aller Art waren wenig überraschend das Internet bzw. Social-Media-Kanäle wie Facebook, Twitter oder Instagram. Ein unendliches Reservoir an Sprüchen und Aphorismen, das für jede persönliche oder gesellschaftspolitische Stimmung den passenden „Sager" bereithält.

Vor fünf Jahren[1] veröffentlichte ich auf Twitter eine Geburtsanzeige: „Ich möchte die Geburt eines schönen, neuen Wortes bekanntgeben: / ‚KUCKUCKSZITAT'. / Geboren im Plural am 19. März 2018 - 11:31 / Neutrum / Größe: 13 Buchstaben / Geprägt von ‚Weltgeist is a bitch', @Sociopathblog." Ein Kuckuckszitat ist ein geflügeltes Wort, das einer berühmten Person in ihr Nest gelegt, also fälschlich zugeschrieben wird. Ich kenne von dem Erfinder des Wortes nur sein Twitter-Pseudonym und habe den Begriff Kuckuckszitat für diese Klasse von Falschzitaten gerne übernommen.

Ursprünglich sammelte ich auf meiner im Jahr 2009 gestarteten Website falschzitate.blogspot.com nur falsche Sprüche, die im Zusammenhang mit dem Satiriker und Polemiker Karl Kraus stehen. Ich hatte mich schon lange gewundert, warum ausgerechnet einem so peniblen Autor wie ihm, der lieber gar nicht als mit einem falschen Beistrich nachgedruckt werden wollte, so viele entstellte und völlig falsche Sprüche zugeschrieben werden. Was unter anderem dazu führte, dass der Name dieses unbestechlichen Kritikers des Pressebetriebs samt einem Zitat, das weder so noch so ähnlich von ihm stammt, mittlerweile auf T-Shirts prangt, die ein Journalist[2] im Internet vertreibt.

Als mir vor ungefähr zehn Jahren klar wurde, dass auch anderen Berühmtheiten wie Kurt Tucholsky, Bertolt Brecht, Albert Einstein, Hildegard von Bingen oder Karl Valentin mindestens genauso viele Kuckuckszitate zugeschrieben wurden, hatte ich zum ersten Mal den Eindruck, wir würden von falschen Zitaten regelrecht überflutet werden. Was aber kaum aufzufallen schien. Dabei handelte es sich übrigens nicht nur um ein Facebook- oder Twitter-Phänomen. Gefühlt jedes zweite Augustinus-Zitat auf Todesanzeigen ist daneben, selbst angesehene Zeitungen übernehmen falsche Zuschreibungen, Politiker:innen verlassen sich mehr denn je auf Kuckuckszitate. Man muss etwas dagegen tun, dachte ich mir.

Da es im deutschen Sprachraum – im Gegensatz zum englischen – keine Institution gab, die sich systematisch um die Dokumentation und Analyse von falschen Zitaten kümmerte, habe ich mir 2014 ganz unbescheiden vorgenommen, selbst so eine Institution zu werden, und zwar mit einer lexikalisch strukturierten Website, auf der sich rasch überprüfen lässt, ob das gesuchte Zitat falsch ist. Das Vorwissen hatte ich mir bei der Arbeit an zwei großen Wörterbuch-Projekten[3] für die Österreichische Akademie der Wissenschaften angeeignet, daneben Workshops mit Lexikograf:innen und Parömiolog:innen (Sprichwortforscher:innen) besucht und mit großem Vergnügen zentrale Texte dieser philologischen Sparte gelesen.

Zeit meines Lebens habe ich gerne damit prokrastiniert, der Evolution von Begriffen, Ideen und Zitaten nachzugehen. Was gibt es Besseres als eine Arbeit, die einem Spaß macht und die auch noch nützlich ist, weil sie ein paar weitverbreitete

Unwahrheiten aufdeckt? Und bei der man sich nach einer komplizierten, aber erfolgreichen Recherche kurz wie ein Sherlock Holmes fühlt? Allerdings kann ich nach vielen Tausend Arbeitsstunden die Prophezeiung des beliebten Pseudo-Konfuzius-Zitates, „Wähle den Beruf, den du liebst – und du musst keinen Tag in deinem Leben mehr arbeiten", nicht wirklich bestätigen.

Eines meiner Lieblingsbücher während meiner Zeit als Philosophiestudent war ein Werk des US-amerikanischen Soziologen Robert K. Merton mit der ausführlichen Antwort auf die Frage eines Freundes, wer die Metapher von den Zwergen, die weiter sehen, weil sie auf den Schultern von Riesen stehen, geprägt habe.

Merton antwortete auf diese kurze Frage zu einem der zentralen Sinnbilder für den wissenschaftlichen Fortschritt mit einem 277 Druckseiten langen Brief mit über Tausend Fußnoten, der 1980 unter dem Titel „Auf den Schultern von Riesen. Ein Leitfaden durch das Labyrinth der Gelehrsamkeit"[4] auf Deutsch erschienen ist. Meistens galt Isaac Newton als Urheber des Spruchs. Er schrieb am 5. Februar 1676 an den Physiker Robert Hooke: „Wenn ich weiter gesehen habe, so deshalb, weil ich auf den Schultern von Riesen stehe."[5] Einer der Riesen Isaac Newtons war der Philosoph René Descartes. Aber Merton hat noch zwei Dutzend[6] Autoren entdeckt, die den Spruch in verschiedenen Varianten vor Newton verwendet hatten. Am Ende seiner Untersuchung identifizierte er den – wahrscheinlichen – Urheber als den mittelalterlichen Philosophen Bernhard von Chartres.[7] Immerhin bezeugten das zwei seiner Schüler.

Damit gab sich der US-Soziologe jedoch nicht zufrieden. Er forschte auch der unterschiedlichen Bedeutung der

Metapher für einzelne Disziplinen nach. So meinten manche, erfahren wir bei Merton, das Bild gelte nur für die Naturwissenschaften. In den Sozialwissenschaften hingegen stünden die Zwerge nicht auf den Schultern, sondern jede Wissenschaftlergeneration tanze der vorigen auf der Nase herum.[8] Im Postskriptum seiner unglaublich gelehrten Betrachtungen, die in der Tradition von Laurence Sternes umständlich-ironisch-amüsanten Roman „Tristram Shandy" stehen, hat Robert K. Merton schließlich auf eine Einschränkung des Geltungsbereichs dieser Metapher hingewiesen. Sie stammt von Sigmund Freud. Dessen Zeitgenosse und ehemaliger Schüler Wilhelm Stekel, später ein moralisch und fachlich problematischer Psychoanalytiker, der sich seinem Lehrer bald überlegen fühlte, soll mit „arroganter Bescheidenheit" einmal gesagt haben, „ein Zwerg auf den Schultern von Riesen könne weiter sehen als der Riese selbst". Als man das Sigmund Freud erzählte, habe der ergrimmte Riese gekontert: „Das mag ja wahr sein, aber nicht eine Laus auf dem Kopfe eines Astronomen."[9]

Auch die Zitatforschung steht auf den Schultern von Riesen. Trotz Digitalisierung von Milliarden von Zeitungsseiten und zig Millionen Büchern wären wir ohne die sorgfältige Arbeit früherer und aktueller Zitate-Expert:innen verloren. Zum einen, weil auch Unsinn samt falschen Informationen und Halbwahrheiten digitalisiert wird, zum anderen, weil viele Digitalisate fehler- und lückenhaft sind. Deshalb kann man auch ChatGPT und Konsorten in dieser Frage nicht vertrauen, da die eloquente Computerintelligenz Belegstellen halluziniert.

Zu den Ries:innen der Zitatforschung, die nur ein wenig kleiner sind als jene der Physik und Mathematik, gehören Zenobius, Diogenes Laertius, Plutarch, Valerius Maximus,

Stobaeus, Aba-l-Wafa' al-Mubassir bin Fatik, Erasmus von Rotterdam, Georg Büchmann, Karl Friedrich Wilhelm Wander, Kate Louise Roberts, Christopher Morley, Louella Everett, Emily Morison Beck, Elizabeth Knowles, Nigel Rees, Elaine Partnow, Wolfgang Mieder, Fred Shapiro und Garson O'Toole.

Schon bald nachdem ich mit meiner Sammlung und Analyse von falschen Zitaten begonnen hatte, wurden Journalist:innen auf meine Arbeit aufmerksam. Sie folgten mir auf Twitter, machten Interviews[10] und ein bisschen Werbung („Better call Krieghofer"[11]) und gaben mir ehrende Spitznamen. Ich habe es allerdings abgelehnt, Zitatjäger[12] genannt zu werden, weil ich mich mehr als Zitate-Troubleshooter fühle, also wie ein entfernter Verwandter des von Harvey Keitel verkörperten Winston Wolf aus dem Film „Pulp Fiction": Ich löse Probleme.

Nach der Maturafeier meiner Tochter im Jahr 2017 erhielten sie und ihre Mitschüler:innen einen Brief von ihrer Schuldirektorin mit ein paar sehr netten Worten und einigen „Gedanken für deinen weiteren Lebensweg", konkret fünf Zitaten:[13]

„Es ist nicht genug zu wissen – man muss es auch anwenden. Es ist nicht genug zu wollen – man muss es auch tun."
Johann Wolfgang von GOETHE

„Der Ziellose erleidet sein Schicksal – der Zielbewusste gestaltet es." Immanuel KANT

„Freundschaft fließt aus vielen Quellen, am reinsten aus dem Respekt." Daniel DEFOE

„In der Ruhe liegt die Kraft." KONFUZIUS

„Der Mensch ist so glücklich, wie er es beschließt zu sein."
Abraham LINCOLN

Ha! Nur eines dieser Zitate ist halbwegs korrekt.[14] Da wusste ich, dass mein Eindruck, wir würden von falschen Zitaten überflutet, nicht übertrieben war. Falsche Zitate hat es immer gegeben, schon vor dem Internet und dem Zeitalter von Fake News. Aber in den sozialen Medien, unseriösen Online-Zitate-Sammlungen und verpackt in Memes flimmern täglich Tausende Fehlzitate über unsere Bildschirme. Wer hat noch nicht bei einer Festansprache oder feurigen Manager:innen-Rede das Gustav-Mahler-Zitat „Tradition ist nicht die Anbetung der Asche, sondern die Weitergabe des Feuers" gehört? Bloß ist es in den Schriften des Komponisten nicht und nicht zu finden.[15]

Inzwischen bekomme ich fast täglich Anfragen und Hinweise (was mich freut) zu Zitateproblemen, von Student:innen, Journalist:innen, Historiker:innen und anderen Interessierten. Neben den über 700 Zitaten auf meiner Website habe ich auch Hunderte Anfragen offline gesammelt, die ich noch nicht gründlich genug bearbeitet habe, um sie zu publizieren.

Wenn mich jemand fragt, ob die Zuschreibung eines Zitats stimmt, suche ich kurz auf der bekannten Suchmaschine und in einigen Online-Zeitungsarchiven. Wenn ein beliebter „Klassiker" bei einer chronologischen Suche im 21. Jahrhundert das erste Mal auftaucht, ist der Verdacht sehr groß, dass es ein entstelltes Zitat oder ein Kuckuckszitat ist. Aber man kann sich nie sicher sein, bevor man nicht die relevante Fachliteratur durchsucht und sich mit einschlägigen Fachleuten ausgetauscht hat. Darüber hinaus bin ich mit Philolog:innen auf der ganzen Welt vernetzt. So hilfreich wie die Sekundärliteratur sind für mich auch Kollegen wie Bernd-Christoph Kämper, Martin Anton Müller oder Ralf Bülow, die mich auf entlegene Funde aufmerksam machen und Details meiner Arbeit verbessern. Bei Zweifelsfällen wende ich mich auch an die einschlägigen Forschungsstellen, die meistens sehr gerne kooperieren.

Kuckuckszitate kann man einteilen in absichtlich und irrtümlich entstandene. Es gibt Leute, denen es – aus welchem Grund auch immer – Spaß macht, einen Spruch zusammenzulügen und ihn so ihrer Umgebung zu präsentieren.

Absicht ist schwer nachzuweisen, kommt aber vor allem in politischen Debatten vor.[16] Ich vermute, dass nur etwa zehn bis zwanzig Prozent aller Kuckuckszitate absichtlich einer falschen Autorität zugeschrieben werden. Vielleicht eher zwanzig Prozent, wenn man Internet-Trolle dazurechnet, also jene Spezies, die andere im digitalen Raum absichtlich verärgert und sich darüber freut, wie schnell ein falsches Zitat in den sozialen Medien Verbreitung findet. Besonders beliebt: Man nimmt das Foto eines politischen oder ideologischen Gegners, schreibt einen Spruch darunter, den er oder sie nie gesagt hat, und hat seinen Beitrag zumindest zur Empörungskultur geleistet.

Die meisten falschen Zitate entstehen aus einer Mischung aus Wunschdenken, Irrtum, Gedächtnistäuschung und Schlamperei. Niemand von uns hat ein perfektes Gedächtnis, auch unsere Lieblingszitate sind selten im genauen Wortlaut im Gedächtnis. Unredlich ist es allerdings, wenn man so ein ungefähres Zitat vor der Publikation nicht anhand der Originalquelle oder eines seriösen Nachschlagewerks überprüft. Wahrhaftigkeit ohne Genauigkeit gibt's nicht.

Der US-amerikanische Zitatforscher Garson O'Toole[17] hat einige Mechanismen bei einschlägigen Irrtümern analysiert, die ich hier gekürzt und etwas verändert wiedergebe.

Versehentliche Zuschreibungen entstehen vor allem aus folgenden Gründen:

1. **Satirische oder ironische Zuschreibungen werden nicht als Ironie erkannt.**
2. **Paraphrasen werden als wörtliche Zitate interpretiert.**
3. **Die Textnachbarschaft von Personen führt zu Verwechslungen (Zeile verrutscht) ebenso wie**
4. **die geografische Nachbarschaft. (z. B. werden angebliche chinesische Zitate gerne auch Laotse oder Konfuzius zugeschrieben)**
5. **Namensgleichheit kann zu Verwechslungen führen ebenso wie Namensähnlichkeit.**
6. **Die Dialoge in Historienromanen oder -filmen werden den realen Figuren untergeschoben.**
7. **Die häufigsten Ursache ist Vereinnahmung: Zitate wenig bekannter Personen oder anonyme Sprüche werden Berühmtheiten untergeschoben. Witzige Sprüche vor allem Oscar Wilde, Mark Twain oder Kurt Tucholsky, politische Weisheiten Winston Churchill oder Otto von Bismarck, Wohlfühlsprüche Antoine de Saint-Exupéry oder Rainer Maria Rilke, Trauersprüche Augustinus oder Franz von Assisi.**

Die folgende repräsentative Auswahl von Kuckuckszitaten enthält klassische Beispiele für diese Mechanismen und gibt hoffentlich auch das Vergnügen wieder, das man hat, wenn man diese Irrtümer aufspürt. Alle prägnanten Zitate, Bonmots, Aperçus, Aphorismen, Sentenzen, geflügelten Worte und Sprichwörter haben eine Vorgeschichte, bevor sie eine feste Form gefunden haben, und spiegeln die Zeit, in der sie entstanden sind, wider. Die lexikalischen Einträge auf meiner Website in die historischen Zusammenhänge einzubetten und so die individuelle Entstehungsgeschichte bekannter Sentenzen ausführlicher zu beleuchten, macht für mich den besonderen Reiz dieser Sammlung der besten falschesten Zitate aus.

Zitate haben heutzutage eine andere Funktion als die bildungsbürgerliche Angeberei vor hundert Jahren.[18] Sie sind ein wichtiger Bestandteil unser aller Kommunikation und verbinden uns mit den hellsten Köpfen aus der Vergangenheit.

ANMERKUNGEN

1 Tweet @krieghofer 19. März 2018 11:55

2 Der deutsche Journalist Boris Reitschuster bietet auf seiner Webseite T-Shirts mit der Aufschrift „Was trifft, trifft auch zu. Karl Kraus" an.

3 Zum Beispiel: Schimpfwörterbuch zu der von Karl Kraus herausgegebenen Zeitschrift „Die Fackel". 3 Bände. Herausgegeben von Werner Welzig. Redaktion: Hanno Biber, Evelyn Breiteneder, Gerald Krieghofer, Karlheinz Mörth. Verlag der Akademie der Wissenschaften, Wien: 2008

4 Robert K. Merton: Auf den Schultern von Riesen. Ein Leitfaden durch das Labyrinth der Gelehrsamkeit (Originalausgabe: On the Shoulders of Giants. A Shandean Postscript, 1965). Aus dem Amerikanischen von Reinhard Kaiser. Syndikat, Frankfurt am Main: 1980

5 Merton, S. 19

6 Ebd., S. 223–225

7 Elemente des Spruchs sind schon viel früher nachgewiesen worden.

8 David Zeaman, siehe Merton, S. 223

9 Merton, S. 225f.

10 Mareen Linnartz: Falsche Zitate. Das Wort Idiot hätte Loriot nie verwendet. Gespräch mit Gerald Krieghofer, Süddeutsche Zeitung, 15. September 2020

11 Von Julia Ortner

12 Michael Allmaier: Berühmte Zitate. Falsch verbunden, Die Zeit, 3. Oktober 2022

13 Siehe Tweet @krieghofer 20. Juni 2017 9:38

14 Nur das Goethe-Zitat stimmt bis auf die Satzzeichen Die angeblichen Lincoln-, Defoe-, Konfuzius- und Kant-Zitate sind in ihren Schriften unauffindbar.

15 Gerald Krieghofer: Irrwege einer Metapher, Wiener Zeitung, 10. Juni 2017

16 Paul F. Boller, John George: They Never Said It: A Book of Fake Quotes, Misquotes, and Misleading Attributions. Oxford University Press, Oxford/New York: 1989, VIII

17 Garson O'Toole: Hemingway Didn't Say That: The Truth Behind Familiar Quotations. Little A, New York: 2017, S. 6–11

18 Ruth Finnegan: Why Do We Quote? The Culture and History of Quotation. Openbook Publishers, Cambridge: 2011

„Lass dich nicht unterkriegen; sei frech, wild und wunderbar."

PIPPI LANGSTRUMPF

Das Mädchen zählt zweifellos zum literarischen Weltkulturerbe: Pippi Langstrumpf. Selbstbewusst, abstehende rote Zöpfe, schier übermenschliche Kräfte: Das waren die Kennzeichen jener Heldin, die die schwedische Schriftstellerin Astrid Lindgren (1907–2002) ab 1944 in einer dreibändigen Kinderbuchreihe und unzähligen Bearbeitungen Abenteuer erleben ließ. Und wenn die nur darin bestanden, in der Villa Kunterbunt gegen die Welt der Erwachsenen und überkommene Erziehungsmethoden aufzubegehren. In über siebzig Sprachen übersetzt, sollte die Aufwieglerin die Kinderzimmer dieser Welt erobern.

Mit der gleichnamigen, ab den späten 1960ern ausgestrahlten schwedisch-deutschen Fernsehserie stieg das neunjährige Mädchen bzw. ihre Darstellerin Inger Nilsson gar zur Vorzeigefigur der Feminismus-Bewegung der 1970er-Jahre auf. Eine Rotzgöre, die Autoritäten ignoriert und in einer abgerockten Villa lebt, in der sie Tommy und Annika, zwei artigen Mittelschichtskindern, allerlei Flausen in den Kopf setzt – das war seinerzeit fast schon Anarchie. Davon übrig geblieben ist nicht zuletzt jenes Zitat, das Lindgren ihrer Hauptfigur in den Mund gelegt haben soll: „Lass dich nicht unterkriegen; sei frech, wild und wunderbar." Text einschlägiger Postkarten, beliebt bei Motivationstrainer:innen aller Art, auf Twitter oder Facebook sicherlich tausendfach gepostet.

2014 tauchte das Langstrumpf-/Lindgren-Zitat gar auf einem Frauen-Ratgeberbuch mit dem Titel „Sei frech, wild und wunderbar" auf. Im Vorwort verriet Autorin Petra Wüst, sie habe den Spruch auf einer Postkarte mit einem Pippi-Langstrumpf-Foto entdeckt.[1] Womit wahrscheinlich viele die Zuschreibung belegen. Nun war Astrid Lindgren eine, die noch als Fast-Siebzigjährige mit ihrer achtzigjährigen Freundin aufgrund einer Wette vor TV-Kameras auf einen Baum kletterte, was als deutlicher Hinweis zu werten ist, dass Lindgren und Langstrumpf sehr viel gemeinsam haben. Motivationssprüche zu verteilen, war jedoch weder Sache der einen noch der anderen. Niemand also hat Pippi diesen Ratschlag gegeben. Sie brauchte ihn nicht. Das beliebteste Lindgren-Zitat ist in ihren Texten weder auf Schwedisch noch auf Deutsch oder Englisch zu finden. Warum ich mir da einigermaßen sicher bin? Nicht nur ich habe vergeblich danach gesucht, auch kompetente Kolleg:innen sowie mir unbekannte Personen in deutschen und schwedischen Diskussionsforen blieben erfolglos.

Was direkt zu Arthur Schnitzler (1862–1931) führte. Der Literaturwissenschaftler Martin Anton Müller, Herausgeber von Teilen des Briefwechsels des Schriftstellers, fragte im November 2019 an, ob das Zitat tatsächlich von Lindgren stamme, zumal ihn der Pippi-Merksatz an einen Arthur-Schnitzler-Fall erinnere, konkret an den Postkartenspruch: „Du fragst mich, was soll ich tun? Und ich sage: Lebe wild und gefaehrlich, Artur." Ein gut gemeinter Rat Schnitzlers an Arthur Rimbaud, den der Wiener Schriftsteller seinem französischen Kollegen in einem Brief gegeben habe. So stand es zumindest in Zeitungen[2] zu lesen. Aber es gab keinerlei Verbindung zwischen Schnitzler und dem um acht Jahre älteren Rimbaud, der als Dichter in der Zeit, in der sein Wiener Namensvetter erstmals zu publizieren begann, bereits verstummt war und als Geschäftsmann in Afrika lebte.

Die Losung „Lebe wild und gefaehrlich, Artur" erlangte jedenfalls in Hamburg in Form eines Plakats Berühmtheit, darüber hinaus gingen Postkarten[3] mit dem Bild eines verwegen dreinschauenden Volksschülers mit Pudelmütze um, ab den 1980er-Jahren tauchten entsprechende Plakate an den Wänden vieler deutscher Wohngemeinschaften auf.[4] Nach einem Dutzend E-Mails und einigen Tagen Recherche entdeckte ich den tatsächlichen Urheber der Anarcho-Maxime: den Hamburger Künstler und Schriftsetzer Artur Dieckmann. Was dann auch das fehlende „h" in Artur erklärt. Der im November 2020 verstorbene Dieckmann verbreitete seit den 1970ern mit seinen Sprüchen und Plakataktionen „Poesie im öffentlichen Raum". In unserem Gespräch freute er sich darüber, dass ich auf meiner Webseite daran erinnerte, wer den Spruch geprägt hat, den auch Autorinnen und Autoren – ohne ihn zu erwähnen – als Buchtitel verwendeten.

Wurde nun die angebliche Schnitzler-Devise in eine Lindgren-Devise verwandelt? Alle prägnanten Sätze haben eine Vorgeschichte und entwickeln sich aus ähnlichen Sätzen. Die Parole „Lebe gefährlich" zum Beispiel geht wahrscheinlich auf einen Aphorismus von Friedrich Nietzsche zurück: „Denn, glaubt es mir! – das Geheimnis, um die grösste Fruchtbarkeit und den grössten Genuss vom Dasein einzuernten, heisst: gefährlich leben!"[5]

Die Aufmunterung des Philosophen haben einige Künstler und soldatische Männer sehr ernst genommen, was nicht immer gut ausgegangen ist. Bei Astrid Lindgren spitzt sich die fälschliche Zuschreibung auf ein Datum zu: das Jahr 2009. So konnte ich herausfinden, dass unbekannte Personen die Worte „Sei frech und wild und wunderbar" im November 2009 auf Parkbänke im Schönwasserpark in Krefeld gesprüht hatten. Anzeige gegen Unbekannt. Was die „Westdeutsche Zeitung" unter der Überschrift „Bänke im Schönwasserpark mit Graffiti verunstaltet" dokumentiert hat.[6] Meines Wissens konnten die unbekannten Urheber:innen dieser Parkbank-Graffiti nie ermittelt werden.

Um diese Zeit kam der Spruch auch auf Twitter auf, zuerst ohne Pippi-Verbindungen. Doch schon kurz darauf wurde er der rebellischen Villen-Besitzerin und ihrer nicht minder agilen Schöpferin zugeschrieben.

Viele Kuckuckszitate übernehmen wir aus dem englischsprachigen Raum, vor allem aus den USA. Bei diesem ist es umgekehrt: Es tritt auf Englisch erst zwei Jahre, nachdem es auf Deutsch geprägt wurde, in Erscheinung. Zuerst in folgendem Wortlaut: „Keep your tail up, be cheeky and wild and wonderful" oder inzwischen immer in der Fassung: „Don't let them get you down. Be cheeky. And wild. And wonderful."

Der Spruch begeistert viele, aber nicht alle. 2017 klagte eine Autorin auf ihrem Mama-Blog: „Viele, viele Mamas schwören auf diesen Satz und möchten, dass ihre Kinder frech, wild und wunderbar sind. Doch je länger ich darüber nachdenke, umso sicherer bin ich mir: Das ist nicht das, was ich mir für meine Söhne wünsche."[7] Ihr würde der Slogan „Sei selbstbewusst und lebensfroh und wunderbar" besser gefallen. Das Lindgren-Zitat wäre übrigens nicht das erste, dessen Wortlaut sich im Laufe der Zeit verändert.

→ ASTRID LINDGREN ZITIEREN, ABER RICHTIG

„Wenn die einen finden, dass man groß ist und andere, dass man klein ist, so ist man vielleicht gerade richtig."[8]

„Gebt den Kindern Liebe, mehr Liebe und noch mehr Liebe, dann stellen sich die guten Manieren ganz von selbst ein."[9]

„Ich habe immer gedacht, ich will nie ein Buch schreiben. Aber plötzlich konnte ich nicht mehr, da musste ich schreiben."[10]

ANMERKUNGEN

1 Petra Wüst: Sei frech, wild und wunderbar: 12 mutige Schritte für Frauen, die mehr wollen. Orell Füssli, Zürich: 2014

2 Daniel Deckers: 100 Tage Papst Franziskus: Wild und gefährlich. FAZ, 20. Juni 2013

3 Clemens Walter: Nur die Mutigen entkommen: die einzig wahre Geschichte von Artur u. Artur; Der Chronik Erster Teil. Kindheit, Aufbruch, Verwandschaft u. Verpflichtung. Transit, Berlin: 1991, Cover

4 Kai-Hinrich Renner: Gebührensheriff unter Beschuss, Die Zeit 06/2007, 1. Februar 2007 [Zuschreibung an Arthur Schnitzler]

5 Friedrich Nietzsche: Die fröhliche Wissenschaft, § 283. Erste Veröffentlichung: 10. September 1882

6 Westdeutsche Zeitung, Ausgabe Krefeld, 10. November 2009, Resort: Lokalsport

7 Ichmitkind.at

8 Astrid Lindgren: Wir Kinder aus Bullerbü (Alla vi barn i Bullerbyn), 1947, Deutsch: 1955, erste Seite

9 Das Astrid-Lindgren-Lexikon, herausgeben von Manuela Bialek und Karsten Weyershausen, Schwarzkopf: 2004, S. 393

10 Sybil Gräfin Schönfeldt: Astrid Lindgren: mit Selbstzeugnissen und Bilddokumenten. Rowohlt, Reinbeck bei Hamburg: 1987, S. 74

„Gute Künstler kopieren, große Künstler stehlen.“

STEVE JOBS

Wir verdanken ihm das iPhone und viele andere hübsche und begehrte Innovationen der Techindustrie. Vor allem aber war Steve Jobs (1955–2011), Gründer und langjähriger Mastermind von Apple Inc., ein geradezu manischer Unternehmer, der auch in Sachen Selbstvermarktung zu den Großen zählte. Die Präsentationen neuer Produkte waren ähnlich beliebt wie Popkonzerte. Dieser Tüftler, der einst in einer Garage begonnen und es in kurzer Zeit zum Milliardär gebracht hatte, zeigte eindrucksvoll, dass es den amerikanischen Traum noch immer gab.

Jobs, dessen leiblichen Eltern ihn nach seiner Geburt zur Adoption freigaben, hielt sich nicht lange mit einer klassischen Bildungskarriere auf. Am College studierte der Kalifornier nicht sehr ernsthaft Kalligrafie und besuchte einzelne Vorlesungen, Prüfungen absolvierte er keine, stattdessen trieb er sich auf dem Campus herum. Nach einem Semester brach er das Studium ab. Er nahm LSD und versuchte sich an einer Karriere als Hippie samt mehrmonatigem Aufenthalt bei Esoterikern in Indien. Das Einzige jedoch, was ihn wirklich faszinierte, waren die Entwicklungen der sich Mitte der 1970er gerade im Wachstum befindlichen Elektronikindustrie, speziell jener im kalifornischen Silicon Valley.

Über seine Freundschaft mit dem Computeringenieur Steve Wozniak fand er den Weg in die Szene, arbeitete kurz bei Atari und gründete 1976 mit 21 Jahren und zwei Mitstreitern in einer mittlerweile weltberühmten Garage seine erste erfolgreiche Firma. Der Rest ist Wirtschaftsgeschichte. Nach einigen technischen Revolutionen und unternehmerischen Niederlagen verwandelte er Apple mit einem Team raffinierter Ingenieur:innen ab Anfang der 2000er in einen globalen Technologie-Multi. Brillant vermarktet von Steve Jobs an der Spitze, diesem Selfmade-Guru, dem die kreativen Ideen nie auszugehen schienen – und dessen Konzern sich seit seiner Gründung mit Copyright- und Patentklagen herumschlagen musste.

Keine Wunder also, dass so einer vor allem von seinen Fans immer wieder zitiert wird, besonders oft mit dem angeblichen Ausspruch: „Gute Künstler kopieren, große Künstler stehlen.“ Der provokante Merksatz hat eine erstaunliche Geschichte, die der amerikanische Zitatforscher Garson O'Toole[1] nacherzählt hat.

Die erste Fassung des Ausspruchs erschien 1892 in „The Gentleman's Magazine“ mit dem Titel „Imitators and Plagiarists“ (Nachahmer und Plagiatoren). Der Schriftsteller W. H. Davenport Adams analysierte, wie schlechte Autoren stahlen, während große Autoren nachahmten: „Große Dichter ahmen nach und verbessern, während kleine stehlen und verunstalten.“ Drei Jahrzehnte später bekam das Wort ‚stehlen‘ im Zusammenhang mit Dichtung eine positivere Bedeutung als das Wort ‚nachahmen‘.

Der in den USA geborene und später in England lebende Autor T. S. Eliot (1888–1965) versuchte, den Unterschied von guten und weniger guten Autoren in der unterschiedlichen Art, wie sie fremde Sätze in ihr Werk einbauten, zu erklären. Vorbildlich war zum Beispiel Shakespeare, wie er Montaignes Gedanken in seinen Dialogen eingearbeitet hat. Eliot befand: „Unreife Dichter ahmen nach; reife Dichter stehlen; schlechte Dichter verunstalten, was sie nehmen, und gute Dichter machen daraus etwas Besseres oder zumindest etwas anderes.“[2]

In den folgenden Jahrzehnten wurden Varianten dieses Aphorismus auch William Faulkner und Igor Strawinsky zugeschrieben. 1988 schließlich wurde es im „Sydney Morning Herald“[3] zum ersten Mal einem Mann in den Mund gelegt, der sich auf Pablo Picasso als Urheber berief: Steve Jobs. Eine Zuschreibung, die Jobs 1996 in einem Interview mit einem US-Fernsehsender wiederholte[4]. Allein: In Picassos Interviews oder Texten hat den Spruch noch niemand gefunden.

→ STEVE JOBS ZITIEREN, ABER RICHTIG

„Wir waren schon immer schamlos, wenn es darum ging, großartige Ideen zu stehlen.“[5]

„Ich würde meine gesamte Technologie gegen einen Nachmittag bei Sokrates eintauschen.“[6]

ANMERKUNGEN

1 Garson O'Toole: Hemingway Didn't Say That: The Truth Behind Familiar Quotations. Little A, New York: 2017, S. 17–23

2 T. S. Eliot: Philip Massinger, in: The Sacred Wood. Essays On Poetry and Criticism. Methuen and Co., London: 1920, S. 114: „Der gute Dichter verschmilzt seinen Diebstahl zu einem gefühlsmäßigen Ganzen, das einzigartig ist, ganz anders als das, aus dem er gerissen wurde; der schlechte Dichter wirft ihn in etwas, das keinen Zusammenhalt hat."

3 1988 April 11, Sydney Morning Herald, Computers keep the courts active, S. 20, Sydney, Australia (Google News Archive)

4 Steve Jobs, 1996: Triumph of the Nerds: The Rise of Accidental Empires, PBS TV special, June 1996, Transcript Part III: „Ich meine, Picasso hatte ein Motto: ‚Gute Künstler kopieren, große Künstler stehlen.' Und wir waren schon immer schamlos, wenn es darum ging, großartige Ideen zu stehlen, und ich denke, ein Teil dessen, was den Macintosh so großartig machte, war, dass die Leute, die daran arbeiteten, Musiker, Dichter, Künstler, Zoologen und Historiker waren, die zufällig auch die besten Informatiker der Welt waren."

5 Interview in der PBS documentary Triumph of the Nerds: The Rise of Accidental Empires 1996 [zitiert nach wikiquote]

6 Newsweek 29. Oktober 2001, The Classroom Of The Future [zitiert nach wikiquote]

„Das Auto ist eine vorübergehende Erscheinung. Ich glaube an das Pferd.“

KAISER WILHELM II.

Kaiser Wilhelm II. war eine zackige Erscheinung. Die stramm nach oben getrimmten Schnurrbartspitzen, der stolz in eine gloriose Zukunft des deutschen Vaterlandes gerichtete Blick, das zornige Knurren in der Stimme. Preußisch, militaristisch, stockkonservativ - kein Wunder, dass der Monarch (1859-1941) bei Intellektuellen keinen guten Ruf genoss. Der Soziologe Max Weber hielt ihn schlicht für einen Trottel, die Zeitungen machten sich darüber lustig, dass sich der Kaiser einen eigenen Lakaien für seinen Lieblingsdackel „Erdmann" hielt und jeden Morgen einen eigenen Schnurrbartfriseur antreten ließ.

International auffällig wurde Wilhelm nicht nur wegen seiner rücksichtslos vorangetriebenen Aufrüstungs- und Kolonialpolitik, sondern vor allem wegen seiner Reden. Sobald der deutsche Kaiser das Wort ergriff, herrschte in der Politik und am Hof Alarm, zwischen martialischen Brandreden und wirrem Furor war alles möglich. Berühmt ist die sogenannte „Hunnenrede" vom 28. Juli 1900: Nach China ausrückende deutsche Soldaten in Bremerhaven verabschiedete er mit der Parole: „Pardon wird nicht gegeben. Gefangene werden nicht gemacht." Ein Sager, der damals ein diplomatisches Erdbeben auslöste, bekannt wurde er erst Jahre später, während des Ersten Weltkriegs, als die britische Propaganda das alte Zitat aufgriff, um den Kaiser als Barbaren zu entlarven. Unmittelbar nach der „Hunnenrede" wurden in Zeitungen und in den offiziellen Annalen gleich mehrere Varianten kolportiert, erst in den 1970ern einigten sich Historiker:innen auf die heute bekannte Version. Unbestritten jedoch ist, dass der Preußenkönig die unselige Parole sinngemäß so ausgegeben hat.

Ganz anders verhält es sich bei Wilhelms wohl bekanntestem Zitat: „Das Auto ist eine vorübergehende Erscheinung. Ich glaube an das Pferd." Auf den ersten Blick passt eigentlich alles: Ein verbohrter, konservativer Militarist, der die Innovation, den ab 1910 einsetzenden Automobilismus nicht erkennt, weiter auf das Bewährte setzt – und darob Krieg, Reich und Job verliert. Heute gehört dieser Pferde-Sager zum Stammrepertoire von Changemanager:innen, Zukunftsforscher:innen und Motivationstrainer:innen, der Spruch klebt gefühlt in jedem zweiten Shared Space an der Wand.

Tatsächlich aber ist die Aussage in keinem zeitgenössischen Text zu nachweisbar. Womit wir uns in die Tiefen der Zitate-Recherche begeben: Ergibt die chronologische Suche nach dem Ursprung einer Aussage keine Treffer, beginnt die Fahndung nach einzelnen Satzteilen: „Ich glaube an das Pferd" tauchte in den Quellen aus dem 19. und 20. Jahrhundert nirgendwo auf. Weder mit noch ohne kaiserlichen Bezug. Den zweiten Satz über das Auto als vorübergehende Erscheinung findet man zum Beispiel in einem 1968 erschienenen Buch über St. Moritz, das angeblich „mondänste Dorf der Welt", wie es im Untertitel heißt. Hier findet sich folgende Formulierung: „Jeder Autounfall – und es gab deren nicht wenige – wurde besprochen, und die Neunmalweisen wiederholten ständig, daß sie es immer gesagt hatten, das Auto sei eine Plage und überdies nur eine vorübergehende Erscheinung – wer würde in ein paar Jahren noch vom Auto sprechen?"[1] Das Auto als „vorübergehende Erscheinung" wurde also erwähnt, keine Spur jedoch von „Willem Zwo".

Bei der Recherche im digitalen Zeitungsarchiv der Österreichischen Nationalbibliothek fand ich jedoch zu meiner Überraschung eine Rede, in der Wilhelm II. tatsächlich von einer „vorübergehenden Erscheinung" sprach. Verbürgt ist folgende Aussage, getätigt am 10. Januar 1900 bei einer Feier der Technischen Hochschule in Berlin: „Die Socialdemokratie betrachte ich als vorübergehende Erscheinung. Die wird sich austoben."[2]

Diese kaiserliche Prognose wurde in vielen sozialdemokratischen Zeitungen mehr oder weniger spöttisch kommentiert. Gleichzeitig lobte der Monarch die Fortschritte der deutschen Technik, denen erfreulicherweise auch „das Ausland Achtung zolle". Nur ein Indiz dafür, dass Wilhelm ein Vertreter des technischen Fortschritts war, vor allem mit Blick auf ihre militärische Verwertbarkeit. Früher als andere Potentaten erkannte er die Bedeutung innovativer Spitzentechnologie, von Flugzeugen, U-Booten oder Panzern. Ausgerechnet dieser Mann sollte sich skeptisch zur Zukunft des Automobils äußern?

Schließlich stieß ich doch noch auf eine Quelle für den zweiten Satz „Ich glaube an das Pferd", und zwar in der Zeitungsdatenbank genios.de. Er taucht erstmals am 24. November 2000 in einem Kreuzworträtsel der „Frankfurter Allgemeinen Zeitung" auf. Gesucht war auf Senkrecht Nr. 2 ein Wort mit vier Buchstaben, der Gestalter oder die Gestalterin des Kreuzworträtsels umschrieb es mit folgenden Worten: „Ich glaube an das Pferd. Das halte ich für eine vorübergehende Modeerscheinung. (Wilhelm II.)." Das gesuchte Wort war natürlich „Auto". Zumindest eine Person hat sich die witzige Frage nach dem Auto gemerkt. Denn bloß ein paar Wochen nach Erscheinen des Kreuzworträtsels stand in einer Internetgruppe zum ersten Mal der Satz: „Ich glaube an das Pferd. Das Auto halte ich für eine vorübergehende Modeerscheinung. - Kaiser Wilhelm II."

In der Epidemiologie würde man von „Patient Null" sprechen, von nun an breitete sich das Kuckuckszitat mit leichten Mutationen im digitalen Raum aus, um fortan in unzähligen Reden, Artikeln und Social-Media-Kommentaren wieder aufzutauchen: 2001: „... Kaiser Wilhelm. Der sagte, ich halte nichts von dem Auto, ich setze auf das Pferd."[3] 2002: „Und

Kaiser Wilhelm II. erklärte noch zu Beginn des 20. Jahrhunderts, das Auto werde auch beim Militär keine Zukunft haben, er setze auf das Pferd."[4] 2004: „Ich glaube an das Pferd. Das Automobil ist nur eine vorübergehende Erscheinung. (Kaiser Wilhelm II.)"[5]

In den folgenden Jahren wurde das angebliche Wilhelm-Zitat auch datiert „um 1900" sowie je nach Laune auf das Jahr 1904, 1905, 1906 oder 1916. Mittlerweile grassiert der Sager auch auf Englisch und ist sogar im Mercedes-Museum in Stuttgart zu lesen. Selbst die passende Anekdote gibt es schon: „In einem Mercedes Simplex sitzend, sagte Kaiser Wilhelm II. 1904: ‚Das Auto hat keine Zukunft. Ich setze auf das Pferd.'"[6]

Kurzum: Bei dem populären Zitat handelt es sich um eine Erfindung des 21. Jahrhunderts, ein Kuckuckszitat, das von einem witzigen Kreuzworträtsel in der „Frankfurter Allgemeinen" ausgehend das Internet, Zeitungen und Bücher infiziert hat.[7]

→ WILHELM II. ZITIEREN, ABER RICHTIG

„Ich kenne keine Parteien mehr, ich kenne nur Deutsche."[8]

„Das habe ich nicht gewollt."[9]

„Essen Sie Ganghofer, essen Sie."[10]

ANMERKUNGEN

1 Curt Riess: St. Moritz: Die Geschichte des mondänsten Dorfs der Welt. Classen, Zürich: 1968, S. 68

2 Reichspost, 11. Januar 1900, S. 2

3 Protokoll 2. Ordentlicher Gewerkschaftskongress der Industriegewerkschaft Bergbau, Chemie, Energie. Hannover: 2001, S. 17

4 Hermann van Laer: Nachhaltigkeit: „Ein wirtschaftlich illusionäres und politisch gefährliches Konzept". In: Hermann von Laer mit Klaus-Dieter Scheer: Nachhaltigkeit – Konzept für die Zukunft? (= Vechtaer Universitätsschriften, Band 21). Lit, Münster u. a.: 2002, S. 77–98; hier S. 87

5 Radarforum.de

6 Roger Willemsen: Wer wir waren. Zukunftsrede. Herausgegeben von: Insa Wilke. S. Fischer, Frankfurt am Main: 2016 (E-Book)

7 Protokoll 2. Ordentlicher Gewerkschaftskongress der Industriegewerkschaft Bergbau, Chemie, Energie. Hannover: 2001, S. 17

8 Reichstagsprotokolle, 1914/18,1, Reichstag, Eröffnungssitzung, 4. August 1914, S. 2

9 Deutsches Volksblatt, 28. Juni 1915, S. 4

10 Ostdeutsche Rundschau, Nr. 155, 9. Juli 1915, S. 2

„Der Tod eines einzelnen Mannes ist eine Tragödie, aber der Tod von Millionen nur eine Statistik."

?

KURT TUCHOLSKY – ERICH MARIA REMARQUE – JOSEF STALIN – ADOLF EICHMANN

Dieser zynische Satz trägt vom bissigen Satiriker über Pazifisten bis zu Massenmördern - zumindest könnte dieser Eindruck entstehen, wenn man die unterschiedlichen Zuschreibungen in den Internet-Sammlungen verfolgt. Für jene an Adolf Eichmann (1906–1962), den Organisator des Holocaust, habe ich noch keine vertrauenswürdige Quelle gefunden, die an Stalin hat 1947 mit einem Bericht der „Washington Post" angefangen, passend zum Beginn des Kalten Krieges. Der kaltherzige Sager passte einfach zu gut zum Bild des brutalen Sowjet-Diktators.

Tatsächlich entstanden ist das Bonmot bereits kurz nach dem Ersten Weltkrieg, und zwar in Form einer Anekdote, die sich in einem vornehmen Pariser Salon zugetragen haben soll. Dort redete man gerade über am Schlachtfeld gefallene Freunde, als die Witwe eines französischen Soldaten mit Tränen in den Augen sagte: „Krieg ist eine schreckliche Sache, er ist nicht zu rechtfertigen." Darauf antwortete ein blasierter französischer Diplomat, dessen Namen wir nicht kennen und der das Gespräch bis dahin schweigend verfolgt hatte: „Der Krieg? Ist nicht so schlimm! Der Tod eines Menschen ist in der Tat eine schreckliche Sache, aber hunderttausend Tote sind eine Statistik."[1]

Diese Anekdote stand 1924 in der französischen Tageszeitung „Paris-Soir"[2] und wurde 1924 von den Autoren J.-W. Bienstock und Curnonsky zusammen mit anderen Szenen und Witzen als Buch[3] mit dem Titel „T.S.V.P. Petites histoires de tous et de personne" veröffentlicht. Curnonsky war das Pseudonym eines in Paris berühmten Gastronomiekritikers, Bienstock arbeitete als Journalist und Übersetzer. Der deutsche Satiriker Kurt Tucholsky (1890–1935), dem viele mehr oder weniger witzige Zitate untergeschoben wurden und werden, hat diese Sammlung unter dem Titel „Der französische

Witz" unter seinem Pseudonym Peter Panther rezensiert und das bittere Bonmot als Beispiel für die ‚Leichtigkeit', ‚Delikatesse' und ‚Eleganz' des französischen Witzes übersetzt: „Der Tod eines Menschen ist eine Katastrophe, aber hunderttausend Tote sind eine Statistik."[4]

Kurt Tucholsky, obwohl bloß Übersetzer, wurde fortan als ein Urheber des zynischen Satzes ausgewiesen. Wenig überraschend, war doch der Publizist für seinen souveränen Witz bekannt. Im englischsprachigen Raum werden herrenlose sarkastische Witze meistens Mark Twain zugeschrieben, in Deutschland Kurt Tucholsky. Ein paar Beispiele: „Der Vorteil der Klugheit liegt darin, dass man sich dumm stellen kann. Das Gegenteil ist schon schwieriger." Oder: „Das Gegenteil von gut ist gut gemeint." Oder: „Wenn Wahlen etwas änderten, wären sie längst verboten." Oder „Wer nach allen Seiten offen ist, der kann nicht ganz dicht sein." Alles Kuckuckszitate, die auf dem amüsanten und informativen „Sudelblog" von Friedhelm Greis aufgelistet sind.

Falsch ist wahrscheinlich auch die Zuschreibung an Josef Stalin (1878–1953), da die Anekdoten, mit denen der angebliche Ausspruch des sowjetischen Diktators belegt wird, einander völlig widersprechen. Einmal soll er den Satz 1933 gesagt haben, einmal 1943 und einmal 1945.

In der „Washington Post" stand 1947, Stalin habe 1933 über die Millionen Hungertoten im Holodomor der Ukraine gesagt: „Wenn nur ein Mensch an Hunger stirbt, ist das eine Tragödie. Wenn Millionen sterben, ist das nur Statistik."[5]

1943 soll der Sowjet-Führer das Zitat eingesetzt haben, um den zögernden britischen Premier Winston Churchill davon zu überzeugen, endlich eine zweite Front im Westen zu errichten, um die Rote Armee zu entlasten.[6] 1944 hingegen soll Winston Churchill während der Konferenz von Jalta geweint haben, als er die Nachricht vom Tod eines Freundes erfuhr. Als er sich bei Stalin dafür entschuldigte, dass er den Tod eines einzigen Menschen betrauerte, während an der Ostfront Millionen gestorben seien, soll Stalin gesagt haben: „Nein, ich verstehe, weil ein Toter eine Tragödie ist, aber eine Million ist nur eine Statistik."

Allein: Die beiden angeblichen Stalin-Zitate von 1943 und 1944 kommen in Winston Churchills Schriften nicht vor, sondern sind Zitate aus dritter Hand, die erst Jahrzehnte nach dem Zweiten Weltkrieg zu Papier gebracht wurden. Bis heute kann Stalin nicht eindeutig als Urheber benannt werden, ob er die Formulierung jemals benutzt hat, ist ebenfalls unklar.[7]

Sollte eine seriöse Quelle für dieses Stalin-Zitat auftauchen, könnte man immer noch nicht sagen, er habe das französische Bonmot geprägt, sondern nur, dass er es verwendet hat.

Diese Zuschreibungen an verschiedene Personen sind ein gutes Beispiel dafür, wie sich die Bedeutung eines Bonmots verändert, wenn man sie nicht einem harmlosen Menschen, einem Humanisten zuschreibt, sondern einem der mächtigsten Männer der Welt und Schreibtischmassenmörder.

Nachdem diese Worte Stalin in den Mund gelegt wurden, kann man sie nur mehr schwerlich als Beispiel für die ‚Leichtigkeit', ‚Delikatesse' und ‚Eleganz' des französischen Witzes interpretieren. Wenn sie ein Mörder ausspricht, sind diese Worte nur mehr Ausdruck für dessen Gefühlsrohheit und Zynismus.

Der Schriftsteller und Pazifist Erich Maria Remarque (1898–1970) hat das Zitat, wenngleich leicht variiert, nachweislich verwendet, und zwar in seinem 1956 erschienenen Roman „Der schwarze Obelisk. Geschichte einer verspäteten Jugend":[8] „Sonderbar, denke ich, wir alle haben doch so viele Tote im Kriege gesehen, und wir wissen, dass über zwei Millionen von uns nutzlos gefallen sind – warum sind wir da so erregt wegen eines Einzelnen, und die zwei Millionen haben wir schon fast vergessen? Aber das ist wohl so, weil ein einzelner immer der Tod ist – und zwei Millionen immer nur eine Statistik."

Die beliebtesten Statistik-Zitate sind übrigens so falsch wie viele Statistik-Interpretationen. Im englischen Sprachraum wurde das Bonmot „Es gibt drei Arten von Lügen: Lügen, verdammte Lügen und Statistiken" dem ehemaligen britischen Premierminister Benjamin Disraeli untergeschoben. Und im deutschen Sprachraum wurde jahrzehntelang geglaubt, Winston Churchill habe gesagt: „Ich traue keiner Statistik, die ich nicht selbst gefälscht habe". Ein Irrglaube. Seit nachgewiesen ist, dass Churchill das nie gesagt hat, ist übrigens oft zu lesen, der Spruch sei ihm von Goebbels Propagandaministerium untergejubelt worden. Auch diese These hat sich als falsch herausgestellt, da das Zitat Churchill erst im Jahr 1980 das erste Mal zugeschrieben wurde.

Sicher ist, dass der 1967 verstorbene deutsche Bischof Otto Dibelius einmal gesagt hat, er glaube nur an Statistiken, die er selbst gefälscht hat. Man weiß aber noch nicht, ob er den Satz geprägt oder nur übernommen hat.

→ STATISTIK ZITIEREN, ABER RICHTIG

„Die Statistik wird die wichtigste Hilfswissenschaft in der neuen Gesellschaft, sie liefert das Maß für alle gesellschaftliche Tätigkeit."[9]
AUGUST BEBEL

„Eine der Aufgaben von Statistik ist es, zu versuchen, bei strittigen Themen jenen Teil der Sachverhalte zu identifizieren, den man (bei gutwilligen Diskussionsteilnehmer:innen) außer Streit stellen kann."[10]
ERICH NEUWIRTH

ANMERKUNGEN

1 „La guerre? ce n'est past si terrible! La mort d'un homme est en effet chose épouvantable, Mais cent mille morts, c'est une statistique." Paris-Soir, 4. April 1924, Nr. 2, S. 2

2 Leonard Lyons: Loose-Leaf Notebook. Washington Post, 30. Januar 1947, S. 9

3 J.-W. Bienstock et Curnonsky: T.S.V.P. Petites histoires de tous et de personne. Les Èditions le Crès, Paris: 1925, S. 6f. Mit Dank an Friedhelm Greis.

4 Kurt Tucholsky (Peter Panter): Französischer Witz. Vossische Zeitung, 23. August 1925. In: Kurt Tucholsky: Gesammelte Werke in zehn Bänden, Band 4. Rowohlt, Reinbek bei Hamburg: 1975, S. 189–191, S. 191

5 Leonard Lyons: Loose-Leaf Notebook. Washington Post, 30. Januar 1947, S. 9

6 Anton Antonov-Ovseyenko: The Time of Stalin: Portrait of a Tyranny. Translated from the Russian by George Saunders, Harper Collins Publishers, New York etc.: 1981, S. 278

7 Mit meiner Skepsis über die Authentizität dieser Stalin-Zitate folge ich der Einschätzung des Zitate-Experten Garson O'Toole, der alle Erwähnungen des Zitats im englischen Sprachraum auf seiner Webseite „Quoteinvestigator.com" sorgfältig dokumentiert hat. Ich habe zusätzlich Kollegen, die russisch sprechen gebeten, zu recherchieren und schließlich den amerikanischen Historiker Stephen Kotkin gefragt, ob er eine seriöse Quelle kennt. Aber auch Kotkin, dessen Stalin-Biografie schon jetzt als Standardwerk gilt, kann den Quellen dieser Zitate nicht vertrauen, wie er mir per E-Mail am 11. Juni 2018 mitteilte.

8 Erich Maria Remarque: Der schwarze Obelisk. Geschichte einer verspäteten Jugend. Roman. Kiepenheuer & Witsch, Köln: Erste Auflage 1956, 9. Kapitel

9 August Bebel: Die Frau in der Vergangenheit, Gegenwart und Zukunft. German cooperative Printing and Publishing, London: 8. Auflage, 1890, S. 153 [verkürzt]

10 Erich Neuwirth: Festvortrag anlässlich der Verleihung des Gerhart-Bruckmann-Preises, 28. März 2017 (neuwirth.priv.at/forblogs/BruckmannPreis)

„Der heißeste Platz der Hölle ist für jene bestimmt, die in Zeiten der Krise neutral bleiben.“

DANTE ALIGHIERI

Ich bekam am 26. Mai 2020 eine E-Mail aus Berlin von der Autorin und Fernsehmoderatorin Thea Dorn mit einer schönen Frage, die im Grunde schon die richtige Antwort enthielt: „Mich beschäftigt seit längerem der Verdacht, dass es sich auch bei diesem vermeintlichen Dante-Zitat um einen Kuckuck handeln müsste: ‚Die heißesten Orte der Hölle sind reserviert für jene, die in Zeiten moralischer Krisen nicht Partei ergreifen.' Dieser Satz von Dante Alighieri geistert in leichten Abwandlungen zigfach durchs Netz – und wird in moralisch aufgeheizten Debatten gern angeführt (zumeist von Zeitgenossen, die es mit Fakten nicht so genau nehmen, dafür aber umso genauer wissen, dass sie für eine gute Sache streiten). Mir kommt dieses Zitat merkwürdig vor, da in der Divina Commedia im Zentrum der Hölle nun wahrlich nicht die Lauen anzutreffen sind – denen begegnen wir auf der Höllentour recht früh –, sondern die Erzverräter, die ihre Wohltäter verraten haben: Judas, Brutus, Cassius."

Thea Dorn hatte recht, das Zitat kann nicht von Dante Alighieri (1265–1321) stammen, dem ersten und größten italienischen Dichter, der sich in seinem Werk vom lateinischen Dichterkollegen Vergil durch alle Kreise der Hölle über den Läuterungsberg bis ins Paradies führen ließ. Das Zentrum von Dantes trichterförmig angelegter Hölle ist bekanntlich eiskalt und nicht heiß.

Schon am Beginn seiner langen Tour ins Gottesreich bricht der Erzähler der Komödie in Tränen aus, nachdem er durch das Tor mit der berühmten Aufschrift „Laß alle Hoffnung fahren" geschritten ist. Die Schmerzensschreie der dort Gepeinigten gingen ihm nahe. Zwischen dem berühmten Tor und dem ersten Kreis geht er durch die Vorhölle, in der jene darben müssen, die so verachtenswert sind, dass sie nicht einmal der

Teufel foltern will: Die Lauen, moralisch Stumpfen, moralisch Neutralen, die Feigen und Kleinmütigen, die nie im Leben gegen eine Ungerechtigkeit kämpften. Für sie gibt es weder Mitleid noch Gerechtigkeit. Stattdessen werden sie nackt herumgetrieben und von Mücken, Wespen und Würmern bis aufs Blut in alle Ewigkeit gepeinigt.[1]

Reiseführer Vergil sagt zu Dante: „Reden wir nicht weiter von ihnen, schau sie an und geh vorbei."[2] Unter diesen vor Schmerz und Wut schreienden Menschen lebt auch eine Schar von Engeln; Engel, die im Himmel weder rebellisch waren noch Gott dienten: Man könnte sagen, ihnen war Gott wurst, oder: Sie waren neutral. Im großen Kampf des Erzengels Michael gegen den Drachen Luzifer machten diese Engel einfach nicht mit.

Im 19. Jahrhundert zitierten US-amerikanische Politiker oft aus der „Göttlichen Komödie", dann nämlich, wenn es darum ging, die Unentschiedenen und ewig Lavierenden an die Konsequenzen ihrer Haltung zu erinnern. In der Zeit der Sklavenbefreiung wurde besonders gerne Dante zitiert.

Der Historiker, Cowboy, Soldat, Autor und 26. Präsident der USA, Theodore Roosevelt (1858–1919), blätterte während seiner Amtszeit ebenfalls immer wieder in der „Divina Commedia". 1911, zwei Jahre nach seiner Präsidentschaft, schrieb er sogar einen Essay zur Aktualität Dantes.[3] Nur drei Autoren hielt er für so bedeutend wie die Bibel: Shakespeare, Homer und Dante.[4] Mit dem Florentiner Dichter und Politiker warb er für den „Mann in der Arena", der sich – im Gegensatz zu den Kritikern – traute, öffentlich aufzutreten, schreckliche Fehler zu machen und für eine gerechtere Gesellschaft zu kämpfen.

An das Schicksal der Engel aus der Vorhölle erinnerte Roosevelt nach Ausbruch des Ersten Weltkriegs, als die US-Regierung und die Mehrheit der amerikanischen Bevölkerung noch neutral bleiben wollten. Es sei unwürdig für ein ehrenhaftes und mächtiges Volk, bei einem Überfall auf ein kleines Land wie Belgien neutral zu bleiben, schrieb der Ex-Präsident im Vorwort seines Buches „America and the World War". Dante habe „einen speziellen Platz der Schande" für neutrale Engel reserviert,[5] die sich weigerten, am Kampf Gut gegen Böse teilzunehmen.

Aus diesem „special place" machte 1917 ein Prediger in dem Dante-Zitat „den tiefsten Platz in der Hölle",[6] was schon falsch war. Aus dem „tiefsten Platz" wurde bei dem Anthroposophen Henry Powell Spring in seinem 1944 erschienenen Aphorismenbuch „What is Truth"[7] ein „hottest place". Aus diesem Werk hüpfte das Fehlzitat in die amerikanische Politik und von dort in die deutsche. Ende der 1940er-Jahre nahm John F. Kennedy dieses angebliche Dante-Wort in seine private Zitate-Sammlung auf und verwendete es später in drei verschiedenen Reden, 1963 auch bei seinem Besuch in Deutschland. Im amerikanischen Kongress wurde das Zitat seit den 1950er-Jahren über vierzigmal mit kleinen Varianten zitiert, einmal auch mit der Einleitung „wie schon Dante vor 2000 Jahren sagte".[8]

Auf Deutsch tauchte das Pseudo-Zitat das erste Mal im Jahr 1954 bei einer Rede im Bonner Bundestag auf. Hans-Joachim von Merkatz, Abgeordneter der rechten „Deutschen Partei" und späterer Bundesminister der Justiz, warb damit für den Beitritt Westdeutschlands in die NATO. Am 27. Februar 1954 beendete er seine Rede mit den Worten: „Wir nehmen klar und deutlich die Entscheidung auf uns und denken dabei auch an den Satz, der, wenn ich recht unterrichtet bin, in der Divina Commedia von Dante steht: Der heißeste Platz in der Hölle ist für diejenigen vorbehalten, die in einer Gewissensfrage neutral geblieben sind."[9] Zwei Monate später, am

6. Mai 1955, wurde die Bundesrepublik Deutschland offiziell in das Bündnis aufgenommen.

Trotz der falschen Zuschreibung wird der vermeintliche Dante bis heute dafür verwendet, Leute, die nicht aktiv werden wollen, daran zu erinnern, dass sie dermaleinst in der Hölle geröstet werden könnten. Ich kann die Feigen und Gleichgültigen beruhigen: Sie werden nicht geröstet werden, sie kommen nicht in die Hölle. Auf sie warten Moskitos und Wespen in Dante Alighieris Vorhölle.[10]

→ DANTE ZITIEREN, ABER RICHTIG

„Kein größerer Schmerz als sich erinnern glücklich heiterer Zeit im Unglück."[11]

„Das Menschengeschlecht befindet sich im besten Zustande, wenn es möglichst frei ist."[12]

„Lasst, die ihr eintretet, alle Hoffnung fahren!"[13]

ANMERKUNGEN

1 Dante Alighieri: La Commedia / Die Göttliche Komödie. Italienisch / Deutsch. 3 Bände, I. Inferno / Hölle, II. Purgatorio / Läuterungsberg, III. Paradiso / Paradies. In Prosa übersetzt und kommentiert von Hartmut Köhler, Reclam Bibliothek, Philipp Reclam jun., Stuttgart: 2011, I, Canto III, S. 43–55

2 Dante: La Commedia, III, S. 49f.

3 Theodore Roosevelt: „Dante and the Bowery", in: Theodore Roosevelt: "History as literature, and other essays." Charles Scribner's Sons, New York: 1913, S. 217-230

4 Es gibt auch mehr als 60 deutsche Übersetzungen der „Divina Commedia", also mehr als Shakespeare-Übersetzungen.

5 „Dante reserved a special place of infamy in the inferno for those base angels who dared side neither with evil nor with good."

6 Dr. W. M. Vines in: The Wilmington Star, 1. Juli 1917, S. 1 [Zitiert nach Garson O'Toole]

7 [Henry] Powell Spring: What Is Truth. The Orange Press, Winter Park, Florida: 1944, S. 272

8 Hon. Abraham J. Multer (New York) 11. August 1954, House of Representatives: Dante said, 2,000 years ago: „The hottest places in hell are reserved for those who in a period of crisis Maintain their neutrality-" Congressional Record, April 27–December 14, 1954: Vol 100, Appendix, Washington: 1954, A5968

9 Hans-Joachim von Merkatz, DP, Deutscher Bundestag, Bonn, 72. Sitzung, Sonntag, 27. Februar 1955, S. 3926

10 Dank an Fred R. Shapiro, Ralph Keyes, Barry Popik und vor allem an Garson O'Toole sowie Bernd-Christoph Kämper

11 Dante: Die Göttliche Komödie, Inferno V, S. 121–123

12 Ders.: Ueber die Monarchie. Übersetzt und mit einer Einleitung versehen von Oskar Hubatsch. L. Heimann's Verlag, Berlin: 1872,, S. 41

13 Ders.: Die Göttliche Komödie, Inferno III, S. 9

„Was trifft,
trifft auch zu.“

KARL KRAUS

Ein typischer Kraus, sagen Sie? Viel eher ein wunderbares Beispiel dafür, wie ein Kuckuckszitat entsteht und fortan seine Kreise zieht. Im Fall des scharfsinnigen, spitzzüngigen Publizisten, Polemikers, Lyrikers, Dramatikers, Aphoristikers und Sprachkritikers Karl Kraus (1874–1936) sind vier Entwicklungsphasen nachweisbar.

PHASE 1

Im Jahr 1977 besprach der Wiener Kritiker Hans Weigel in der „Frankfurter Allgemeinen Zeitung" den Aphorismusband „Worthaltung. Sätze und Gegensätze"[1] des 1937 in Wien geborenen israelischen Schriftstellers Elazar Benyoëtz. Weigel lobte darin die Ernsthaftigkeit und Eigenständigkeit der Prosa des auf Deutsch schreibenden Autors, der auch kein Nachahmer von Karl Kraus sei: „Nur ganz wenige seiner Sätze könnten von Kraus sein (‚Was nicht trifft, trifft auch nicht zu')."[2]

PHASE 2

Die Nähe des Namens „Kraus" zu einem Aphorismus von Elazar Benyoëtz sollte den deutschen Sozialphilosophen Oskar Negt in die Irre führen. Er stellte als Erster die Behauptung auf, Karl Kraus habe „einmal gesagt: ‚Was nicht trifft, trifft auch nicht zu.'"[3] Und dabei blieb Negt auch. In weiteren Publikationen verbreitete er das Pseudo-Zitat, unter anderem 1993 in einer Laudatio im „Spiegel", in der er postulierte, dessen Herausgeber Rudolf Augstein sei ein „Geistesverwandter" von Karl Kraus und beiden gemeinsam sei das von Kraus formulierte Prinzip: „Was nicht trifft, trifft auch nicht zu."[4]

Aufgrund der Erwähnung im großen und bedeutenden Nachrichtenmagazin geadelt, wurde das angebliche Karl-Kraus-Zitat im gesamten deutschen Sprachraum bekannt. Eher keine posthume Ehre für den Autor der „Letzten Tage der

Menschheit" und vehementen Kritiker der Presse, als Geistesverwandter eines Journalisten bezeichnet zu werden.

Fortan verbreiteten weitere Autor:innen das Zitat, der Hinweis von Benyoëtz im Jahr 2001, das „großartig" Karl Kraus zugeschriebene Zitat stamme „unleugbar" von ihm und sei in seinem „Buch Worthaltung (1977) nachzulesen",[5] störte die weitere Verbreitung des Irrläufers überhaupt nicht.

PHASE 3

Die Veränderung des Wortlauts oder: Auftritt Henryk M. Broder. Im Jahr 2007 verteidigte der Publizist mit dem Pseudo-Kraus-Zitat die auf publizistischen Irrwegen befindliche TV-Moderatorin Eva Herman. Die hatte in einer konservativen Polemik gegen die 1968er-Generation viel Widerspruch und Empörung ausgelöst und war mit Anleihen beim rechtsextremen Wortschatz aufgefallen – was am Ende zur Kündigung der ARD-Nachrichtensprecherin führen sollte.

Am Höhepunkt der Debatte verteidigte sich Herman mit einem Verweis auf die „deutschen Autobahnen". Sinngemäße Kurzfassung: Unter Hitler sei nicht alles schlecht gewesen. Der alte Polemiker Henryk M. Broder kritisierte Herman jedoch nicht wegen dieses Arguments, sondern jene, die von diesem Argument angewidert waren. Und setzte mit einer neuen Variante des vermeintlichen Kraus-Zitats noch eins drauf:

„[Es gab auch Autobahnen ...] war der einzige Satz, den Eva Herman sagte, der richtig war und an dem es nichts auszusetzen gab. Dass er eine solche Empörung auslöste und schließlich zu Hermans verfrühtem Abgang führte, zeigte nur eines: ‚Was trifft, trifft auch zu.' (Karl Kraus)"

Eine krasse Zuspitzung, mit der Broder das falsch zugeschriebene Zitat falsch wiedergibt. 2010 rückte er damit erneut aus, diesmal, um Thilo Sarrazin im „Spiegel“ gegen den Vorwurf zu verteidigen, rassistisch zu argumentieren.

Karl Kraus ist für viele nicht nur eine stilistische, sondern auch eine moralische Autorität und mit einem falschen Karl-Kraus-Zitat erschwindelt man sich diese Autorität. Der Satz in der Bedeutung „Was betroffen macht, empört oder kränkt, muss wahr sein“ ist auch in dieser Allgemeinheit schlicht falsch. Es gibt schmerzliche Wahrheiten, aber nicht jede Beleidigung oder Kränkung ist wahr. Den Angestellten des viel gerühmten „Spiegel“-Archivs fiel weder auf, dass das Magazin im Abstand von 14 Jahren zwei verschiedene Versionen des angeblichen Kraus-Zitats druckte, noch, dass beide Versionen in den Schriften von Karl Kraus nicht zu finden sind.

PHASE 4

Das Kuckuckszitat wird in Online-Zitatesammlungen aufgenommen, als Meme mit einem Foto des vermeintlichen Autors verbreitet und auf T-Shirts gedruckt. Der deutsche Journalist und Blogger Boris Reitschuster etwa bietet entsprechende Ware samt Falsch-Zitat zum Verkauf an. In weiterer Folge erfreute es sich nicht zuletzt bei manchen Autor:innen immer größerer Beliebtheit und wurde sogar als Motto eines Buches ausgewählt. So berief sich der Journalist Jan Fleischhauer auf die angebliche Maxime: „Ansonsten halte ich mich an den Satz von Karl Kraus: ‚Was trifft, trifft auch zu.‘ Daran gemessen kann nicht alles verkehrt sein, was sich im Folgenden an Texten findet – das ist jedenfalls die Hoffnung, an der ich mich festhalte.“[6]

Interessant an dem Fall ist auch, wie sich ein vernünftiges Zitat im Laufe der Jahre in ein unsinniges verwandelt, in eine Behauptung, der man nur zustimmen kann, wenn man nicht darüber nachdenkt. Zu den beliebtesten falschen

Kraus-Sentenzen gehörten lange Zeit die Aphorismen „Wenn die Sonne der Kultur niedrig steht, werfen selbst Zwerge lange Schatten“ oder „Was Deutschland und Österreich trennt, ist die gemeinsame Sprache“. Inzwischen scheint „Was trifft, trifft auch zu“ die beiden an Beliebtheit zu überholen.

Karl Kraus hatte es sich mit seinen boshaften Glossen und Polemiken mit vielen der einflussreichsten Publizisten in Wien, Frankfurt und Berlin verscherzt. Während die Kritisierten den scharfzüngigen Satiriker totschwiegen, rückte Kraus in seiner Zeitschrift „Die Fackel“ immer wieder aus, um Halbwahres und Ganzfalsches über ihn richtigzustellen. Wenn eine Behauptung über ihn in einer Zeitung auch nur ein bisschen falsch war oder ein Komma in einer Zitierung fehlte, schickte er eine Berichtigung. Wurde die nicht oder unvollständig gebracht, bekam die Redaktion Post von seinem Anwalt.

Siebzig Jahre nach dem Tod eines Autors oder einer Autorin erlischt die sogenannte Regelschutzfrist. Das Werk ist dann „gemeinfrei“, man kann es also ohne Genehmigung oder Zahlungsverpflichtung verwenden. So auch bei den Werken Karl Kraus'. Was jedoch nie erlöschen sollte, ist das aufrichtige Bemühen, die Texte korrekt wiederzugeben. Das war und ist nicht nur die Aufgabe der Philologie. Auf den Zitaten von Karl Kraus scheint ein besonderer Fluch zu liegen. Wenn er in der Presse zitiert wird, geht unglaublich oft etwas daneben. So als hätte er die Presse in alle Ewigkeit dazu verurteilt, auch nach seinem Tod Material für seine Polemiken gegen sie zu liefern.

→ KARL KRAUS ZITIEREN, ABER RICHTIG

„In zweifelhaften Fällen entscheide man sich für das Richtige."[7]

„Krieg ist zuerst die Hoffnung, daß es einem besser gehen wird, hierauf die Erwartung, daß es dem anderen schlechter gehen wird, dann die Genugtuung, daß es dem anderen auch nicht besser geht, und hernach die Überraschung, daß es beiden schlechter geht."[8]

„Wie schön, eines Abends zu erwachen und sich unberühmt zu finden!"[9]

ANMERKUNGEN

1 Elazar Benyoëtz: Worthaltung: Sätze und Gegensätze. Carl Hanser, München: 1977, S. 9

2 Hans Weigel: Haushalten beim Worthalten. Frankfurter Allgemeine Zeitung, 30. April 1977, S. BuZ5

3 Oskar Negt: Lebendige Arbeit, enteignete Zeit: politische und kulturelle Dimensionen des Kampfes um die Arbeitszeit. Campus Verlag, Frankfurt / New York: 1984, S. 14

4 Oskar Negt: Von Menschen und Nachrichten. Der Spiegel 6/1993, 1. November 1993, Spiegel-Spezial, S. 102

5 Elazar Benyoëtz: Allerwegsdahin: mein Weg als Jude und Israeli ins Deutsche. Arche, Zürich: 2001, S. 215 [Zitiert nach Bernd-Christoph Kämper.]

6 Jan Fleischhauer: Der schwarze Kanal. Was Sie schon immer von Linken ahnten, aber nicht zu sagen wagten. Rowohlt Digitalbuch, Reinbek bei Hamburg: 2012, Vorwort

7 Karl Kraus: Die Fackel, Nr. 259–260, S. 38

8 Ders.: Die Fackel, Nr. 462–471, 9. Oktober 1917, S. 174

9 Ders.: Die Fackel, Nr. 890–905, Juli 1934, S. 312

„Gut erzogene Frauen machen selten Geschichte."

?

MARILYN MONROE

Die Hollywood-Diva (1926–1962) liefert bis heute Material für die Klatschspalten der Zeitungen. Man weiß, wie viele Ehescheidungen sie hinter sich gebracht hat, man ahnt, wie viele Männer sie geküsst hat, und diskutierte jahrzehntelang,[1] ob sie mit beiden Kennedy-Brüdern geschlafen hat oder nur mit dem einen, dem sie ein Ständchen gesungen hat: „Happy Birthday, Mr. President."

Als Marilyn Monroe acht Jahre alt war, beging ihr Großvater Suizid, ihre an Schizophrenie leidende Mutter konnte nicht mehr für sie sorgen. Sie hatte zwölf verschiedene Pflegeeltern, darunter Leute, die ihr damit drohten, sie wache in der Hölle auf, wenn sie nicht artig ihr Abendgebet aufsagen würde. Bei anderen Pflegeeltern gab es als Spielzeug nur leere Whiskeyflaschen.[2]

Dem Chaos entzog sie sich 1942 mit sechzehn durch Heirat. Kurz darauf wurde sie das erste Mal für ein Magazin fotografiert. Zehn Jahre später war sie Star, Sexsymbol und vielleicht die bekannteste Frau der Welt. Jede Woche erhielt sie 5000 Fanbriefe. Nicht nur Reporter waren von ihrem Witz und ihren klugen Pointen überrascht – einer Blondine ohne Schulabschluss hatten sie das nicht zugetraut.

Wie selbstverständlich kamen ihr Zitate aus großen Romanen über die Lippen, ein Journalist[3] bemerkte, ihre Interviewantworten hätten etwas Aphoristisches: „Ich kleide mich für Männer. Eine Frau schaut kritisch auf deine Kleider. Einem Mann gefallen sie."[4]

Der Monroe war also einiges zuzutrauen. Auch die Sentenz vom Schicksal gut erzogener Frauen? Zur Beantwortung dieser Frage müssen wir quasi ans andere Ende der öffentlichen Wahrnehmung gehen und landen bei Laurel Thatcher Ulrich. Die US-amerikanische Historikerin und Pulitzerpreisträgerin erforschte ein Feld, das von der Wissenschaft lange ignoriert wurde, konkret: das Leben amerikanischer Frauen im 17. und 18. Jahrhundert.

Fromme, arbeitsame Frauen, die selbst nie predigten, nie in Harvard studierten, die sonntags artig in die Kirche gingen und mindestens ein Mal im Jahr die ganze Bibel lasen. Von ihnen wurde gewiss nicht erwartet, jenseits ihrer Familien und Nachbarn Anerkennung zu finden und berühmt zu werden. „Die Verborgenen“, wie sie der zeitgenössische puritanische Theologe Cotton Mather nannte. Laurel Thatcher Ulrich nun schrieb in der Einleitung zu ihrem 1976 erschienenen Artikel über „Vertuous Women“:[5] „Anständige Frauen machen selten Geschichte. Gegen Immoralistinnen und Hexen hatten diese frommen Hausmütter überhaupt keine Chance.“[6]

Zwei Jahrzehnte später hat sich die Harvard-Professorin gleichermaßen gewundert und gefreut, als sie ihren Satz „Well-behaved women seldom make history“ plötzlich auf T-Shirts und Kaffeetassen sah, 2007 publizierte sie schließlich ein Buch unter diesem Titel.

So wie Witze besser wirken, wenn sie einer berühmten Person untergeschoben werden, so bekommt auch dieses Zitat der Historikerin eine farbigere Bedeutung, wenn es sich nicht auf fromme Frauen aus dem 17. Jahrhundert, sondern auf eine der bekanntesten Frauen ihrer Generation bezieht. In diesem Fall Marilyn Monroe. Dieser Hollywood-Ikone, die ganz zweifellos Geschichte geschrieben hat, wird das Zitat mittlerweile am öftesten untergeschoben. Andere falsche Zuschreibungen betreffen Eleanor Roosevelt, die Frau von US-Präsident Franklin D. Roosevelt. Anne Boleyn, der zweiten Gemahlin von Heinrich VIII., wird der Aphorismus ebenfalls nachgesagt. Allein: Keine der drei Weltberühmten hat ihn jemals gesagt.[7]

→ MARILYN MONROE ZITIEREN, ABER RICHTIG

„Ich habe noch nie eine hässliche Brücke gesehen.“[8]

„Ich hatte nur das Radio an.“[9]
(Antwort auf die Frage, was sie bei einem Fotoshooting getragen habe.)

„Ich trage nur Chanel 5.“[10]
(Antwort auf die Frage, was sie im Bett anhabe.)

ANMERKUNGEN

1 Laura Martin: „Blonde: The True Story of Marilyn Monroe and JFK's Relationship. Esquire, 28. September 2022 (www.esquire.com/uk/culture/a41336664/blonde-true-story-marilyn-monroe-jfk/)

2 Marilyn Monroe. The Talk of Hollywood. Life, 7. April 1952, S. 10–104, hier S. 100

3 Ebd., S. 104

4 Ebd.

5 Siehe: Laurel Thatcher Ulrich: Vertuous Women Found: New England Ministerial Literature, 1668–1735. American Quarterly, Volume 28, Number 1, 1976, S. 20

6 Ebd., S. 20 [Zitiert nach Garson O'Toole]

7 Mit Dank an Garson O'Toole.

8 Maria Popova: Marilyn Monroe's Unpublished Poems: The Complex Private Person Behind the Public, 2012 Persona www.themarginalian.org/2012/07/27/marilyn-monroe-fragments-poems/

9 Time Magazine 60, Nr. 6, 11. August 1952, S. 90 [zitiert nach wikiquote]

10 Life, 7. April 1952, S. 104

„Kaffee dehydriert den Körper nicht. Ich wäre sonst schon Staub.“

FRANZ KAFKA

Der Prager Weltliterat hat bekanntlich keine Wohlfühlgeschichten geschrieben. In den berühmtesten Erzählungen Franz Kafkas (1883–1924) nimmt ein unbegreifliches Verhängnis seinen Lauf. Bis zum bitteren Ende. Die Düsternis seines Werks kann auch als Ahnung jener Barbarei gelesen werden, die nach seinem Tod über die Welt kam: Seine drei Schwestern Elli, Valli und Ottla, Julie Wohryzek, eine seiner Verlobten, sowie seine Freundin Grete Bloch wurden in Konzentrationslagern ermorde. Milena Jesenská, Kafkas innige Briefpartnerin und vielleicht sogar Geliebte, ging im KZ Ravensbrück zugrunde.

Als Kafkas Werk nach dem Zweiten Weltkrieg weltberühmt wurde, kramten viele Prager Weggefährt:innen ihre Erinnerungen an den Literaten hervor, wobei manche dieser Erinnerungen erwiesenermaßen eingebildet waren.[1] Sein Zeitgenosse Gustav Janouch, damals ein literaturbegeisterter Gymnasiast, der den Schriftsteller seiner Erinnerung zufolge über hundert Mal getroffen hatte, war besonders produktiv in der Erfindung von Kafka-Zitaten. Die Forschung hat sie mittlerweile als Halbwahrheiten, Lügen und Banalitäten entlarvt.[2]

Wenn ich also gefragt werde, ob diese oder jene halblustige Sentenz tatsächlich von Franz Kafka stamme, schaue ich zuerst nach, ob es in Gustav Janouchs 1951 erstmals veröffentlichten Erinnerungen „Gespräche mit Kafka“[3] vorkommt. Das Buch ist noch immer lesenswert, aber eben keine seriöse Quelle.

Zu den beliebtesten internationalen Pseudo-Kafka-Zitaten gehören „Neue Wege entstehen, indem wir sie gehen“ (siehe Seite 98) und „Ein Idiot ist ein Idiot. Zwei Idioten sind zwei Idioten. Zehntausend Idioten sind eine politische Partei“, das wahrscheinlich vom italienischen Humoristen Leo Longanesi (1905–1957)[4] stammt.

Überaus beliebt ist in jüngster Zeit diese Aussage geworden: „Kaffee dehydriert den Körper nicht. Ich wäre sonst schon Staub“ – ein Zitat, das erst im 21. Jahrhundert, also etwa achtzig Jahre nach Kafkas Tod, entstanden ist.

Erstmals tauchte es ohne Zuschreibung an den weltberühmten Prager im Mai 2008 in den sozialen Medien auf[5] und wurde auf Twitter und Facebook[6] einige Male plagiiert, bis es anscheinend erstmals im Juli 2009 – ohne ersichtlichen Grund – Franz Kafka untergeschoben wurde.

Einige Jahre später wurde dieses falsche Zitat ins Englische übersetzt und erfreute sich großer Beliebtheit bei Journalist:innen und Autor:innen, die es in Zeitungen und Büchern verbreiteten. Besonders beliebt war und ist es bei Firmen, die Kaffee verkaufen.

Ich vermag nicht zu sagen, warum dieser Spruch ausgerechnet Franz Kafka zugeschrieben wurde. Der Autor, bei dem 1917 Lungentuberkulose diagnostiziert worden war, achtete penibel auf seine Gesundheit, hielt sich an eine strenge, meist vegetarische Diät, verzichtete auf scharfe Gewürze, machte täglich Gymnastik und trank auch keinen Kaffee. An seine erste Verlobte Felice Bauer schrieb der damals 29-Jährige: „[N]atürlich rauche ich auch nicht, trinke nicht Alkohol, nicht Kaffee, nicht Thee, esse im allgemeinen, womit ich eine lügenhafte Verschweigung gutmache, auch Chokolade nicht.“[7] Auch vor seinem 29. Geburtstag sind keine Kaffeeexzesse überliefert. Das Rätsel, warum Franz Kafka dieses völlig unpassende Zitat zugeschrieben wurde, kommt mir so wenig auflösbar wie die Rätsel in Kafkas Erzählungen und Romanfragmenten.

→ KAFKA ZITIEREN, ABER RICHTIG

„Wenn ich Ihnen, Rotpeter, hier so gegenübersitze, Sie reden höre, Ihnen zutrinke, wahrhaftig – ob Sie es nun als Kompliment auffassen oder nicht, es ist aber nur die Wahrheit – ich vergesse dann ganz, dass Sie ein Schimpanse sind.“[8]

„Jemand mußte Josef K. verleumdet haben, denn ohne daß er etwas Böses getan hätte, wurde er eines Morgens verhaftet.“[9]

ANMERKUNGEN

1 Alena Wagnerová: Als Janouch mir entgegenkam. Neue Zürcher Zeitung, 11. November 2006

2 Reinhard Stach: Kafka: Die Jahre der Erkenntnis. S. Fischer, Frankfurt am Main: 2008, S. 299

3 Gustav Janouch: Gespräche mit Kafka. Anmerkungen und Erläuterungen von Alma Urs. S. Fischer, Frankfurt am Main: 1951

4 Carmen Prencipe Di Donna: Letteratura e sport. Cappelli: 1986, S. 120 [Leo Longanesi erstmals zugeschrieben.]

5 26. Mai 2008, Twitter, Username: „deeli"

6 Zum Beispiel: Facebook, 6. März 2009, anonymkaffeeoliker

7 Brief an Felice Bauer, 26. November 1912, in: Franz Kafka: Briefe an Felice und andere Korrespondenz aus der Verlobungszeit. Herausgegeben von Erich Heller und Jürgen Born. Lizenzausgabe Schocken, New York: 1970, S. 80

8 18. Aufzeichnung aus: Franz Kafka: Oxforder Oktavheft 4. Herausgegeben von Roland Reuß und Peter Staengle. Stroemfeld Verlag, Frankfurt am Main/ Basel: 2008, S. 87

9 Franz Kafka: Der Prozess. Roman. Verlag Die Schmiede, Berlin: 1925, S. 1

„Das Leben ist
zu kurz, um
schlechten Wein
zu trinken."

JOHANN WOLFGANG VON GOETHE

Nachdem Johann Wolfgang von Goethe (1749–1832) mit 24 Jahren durch seinen Briefromanbestseller „Die Leiden des jungen Werthers“ in ganz Europa berühmt wurde, schrieb er in den folgenden Jahrzehnten noch fünf Romane, eine Novelle, 3000 Gedichte, über zwanzig Dramen, drei autobiografische Texte und mehr als 15 000 Briefe; er übersetzte Prosa, Lyrik und Dramen aus dem Englischen, Französischen, Italienischen, Spanischen und Altgriechischen von Shakespeare, Macpherson, Lord Byron, Voltaire, Corneille, Jean Racine, Diderot, Madame de Staël, Benvenuto Cellini, Homer, Sophokles und Euripides, war aber am Ende seines Lebens vor allem stolz auf einige seiner naturwissenschaftlichen Arbeiten: auf seine Farbenlehre und seine Beiträge zur Anatomie, Botanik, Morphologie, Mineralogie, Geologie, Meteorologie und Wissenschaftstheorie.

Viele scheinen inzwischen von einem der größten Dichter und Universalgelehrten nur mehr das Götz-Zitat[1] und vielleicht noch den Faust-Monolog zu kennen („Habe nun, ach! Philosophie, Juristerei und Medizin, Und leider auch Theologie! Durchaus studiert, mit heißem Bemühn. Da steh ich nun, ich armer Tor! Und bin so klug als wie zuvor;“) zu kennen, und mit Goethes schönstem Gedicht wissen sie nichts Besseres zu tun, als es in Hunderten Varianten zu verulken, beklagte schon Karl Kraus: „Unter allen Wassern ist – „U“ / Von Englands Flotte spürest du / Kaum einen Rauch … / Mein Schiff versank, daß es knallte, / Warte nur, balde R–U–hst du auch!“[2] Oder: „In allen Geschäften ist Ruh, / Von Umsätzen spürest du / Kaum einen Hauch. / Schon ist pleite / Die Kundschaft, die alte; / Warte nur! Balde / Bist du es auch!“[3]

Der Dichter Goethe wurde für Reklame missbraucht, der Weltbürger Goethe für nationalistische Hochstapelei. Heute werden ihm mehr oder weniger humoristische Wohlfühlsprüche und Motivationssprüche für allerlei Marketingmenschen, Lebensberater:innen und Manager:innnen untergeschoben. Management-Zitatsammlungen sollte man grundsätzlich misstrauen.

Seit dem Jahr 2004 zum Beispiel wird nicht nur im Internet oft behauptet, Goethe habe einmal gesagt: „Erfolg hat 3 Buchstaben: TUN!" Das kann aber schon allein deswegen nicht stimmen, weil zur Zeit Goethes „thun" noch vier Buchstaben hatte. Erst nach der Orthographischen Konferenz von 1901 war der Buchstabe ‚h' nach einem ‚t' nur mehr bei Fremdwörtern wie ‚Theater' erlaubt. Dieses Pseudo-Goethe-Zitat könnte sich aus einem Aphorismus von Marie von Ebner-Eschenbach (1830–1916) entwickelt haben: „Für das Können gibt es nur einen Beweis: das Tun." Ohne den Großmeister des deutschen Dichtens und Denkens kam kein gutbürgerlicher Sprücheschatz aus. Zum Beispiel liest man in Zitatesammlungen, Goethe habe folgende Verse in einen Tisch geritzt: „Wasser allein macht stumm, das beweisen im Wasser die Fische. / Wein allein macht dumm, / das beweisen die Herren am Tische. / Weil ich beides will nicht sein, / gieße ich Wasser in den Wein." 1879 wurden ihm diese unfassbar holprigen Verse noch in einer Anekdote[4] untergeschoben: Besoffene Studenten hätten einst den schon alten Goethe gefragt, warum er die reine Bacchusgabe so sündhaft mit Wasser verfälsche, worauf er sie mit den furchtbaren Versen verscheuchte.

Allerdings wurde 13 Jahre davor, 1866, genau dieselbe Anekdote erzählt, doch der Mann, der von den Studenten angepöbelt wird, heißt nicht Goethe, sondern Moses Mendelssohn (1729-1786),[5] der Berliner Philosoph und Großvater des Komponisten Felix Mendelssohn Bartholdy.

Es ist also nichts Neues, dass dem Großdichter falsche Sentenzen untergejubelt werden. Neu ist nur, dass ihm durch das

Aufkommen des Internets viel, viel mehr Sprüche untergeschoben werden, die sich sodann mit unglaublicher Geschwindigkeit in vielen Sprachen auf der ganzen Welt verbreiten.

Auch die oft zitierte Lebensweisheit „Das Leben ist zu kurz, um schlechten Wein zu trinken“ ist weder einem Poem noch einem der Dramen entnommen, auch Goethes Briefe und Romane weisen keine Zusammenhänge zwischen unserem irdischen Dasein und billigem Fusel aus. Nicht einmal in Deutschland, auch nicht in Frankreich hat diese Maxime der Genussmenschen ihren Ursprung, sondern: in den USA. Irgendwann im 19. Jahrhundert kam der Spruch auf: „Das Leben ist zu kurz, um schlechten Whiskey zu trinken oder Liebe mit einer hässlichen Frau zu machen.“[6] Es gibt seit dem 19. Jahrhundert auf Deutsch und Englisch Dutzende Lebensweisheiten, die mit den Worten „Das Leben ist zu kurz“ oder „Das Leben ist viel zu kurz“ beginnen, aber keine ist von Goethe.

Auf Deutsch ist das Wein-Zitat ohne Zuschreibung an den deutschen Nationaldichter seit den 1950er-Jahren[7] bekannt und wurde zum Beispiel 1969 als Devise bei einer Weinprobe in Baden-Württemberg[8] verwendet. Im Jahr 1990 wurde es dem ehemaligen österreichischen Bundeskanzler und Außenminister Leopold Figl zugeschrieben, der bei den Staatsvertragsverhandlungen mit sowjetischen Politikern für die Befreiung Österreichs mit viel Wein für ein gemütliches Verhandlungsklima sorgte, was später ein gewisser Otto Zernatto mit folgenden Versen feierte: „Ach es sträubte sich sogar / oft sein rotes Schnauzbarthaar,/ doch er meisterte die Lage / bis hinauf zum Staatsvertrage, / Kein andrer kam ihm gleich, / denn er soff für Österreich.“[9]

Der Goethe zugeschriebene „Das Leben ist zu kurz“-Spruch kam jedenfalls um das Jahr 2000 auf und wurde schon drei

Jahre später selbst in angesehenen deutschen Zeitungen verbreitet.[10] Inzwischen ist das Kuckuckszitat auch an seinem Ursprungsort, den USA, sowie in Italien, Frankreich oder Spanien eines der beliebtesten Goethe-Zitate. Wohl auch, weil der Sinnspruch im Internet als Meme mit einem Porträt des Dichters Karriere gemacht hat.

Varianten des Pseudo-Goethe-Zitats:

„Das Leben ist zu kurz, um schlechte Weine zu trinken."

„Life is too short to drink bad wine."

„Life is too short to drink cheap wine."

„Life is too short to drink mediocre wines."

„La vita è troppo breve per bere vini mediocri."

„La vie est trop courte pour boire du mauvais vin."

„La vida es demasiado corta para beber mal vino."

→ GOETHE ZITIEREN, ABER RICHTIG

„Alles Gescheite ist schon gedacht worden. Man muss nur versuchen, es noch einmal zu denken."[11]

„Niemand ist mehr Sklave, als der sich für frei hält, ohne es zu sein."[12]

„Das erste und letzte, was vom Genie gefordert wird, ist Wahrheitsliebe."[13]

ANMERKUNGEN

1 Karl Kraus: Die Fackel, Nr. 706–711, Dezember 1925, S. 46

2 Frankfurter Generalanzeiger: Unter allen Wassern. In: Karl Kraus: Die Fackel, Nr. 454–456, 1. April 1917, S. 2

3 Neue Leipziger Zeitung: Humor aus Thüringen. In: Die Fackel, Nr. 857–863, Juli 1931, S. 117

4 Flora. Unterhaltungsblatt des Augsburger Anzeigblattes, Nr. 47, 20. November 1879, S. 187

5 Hermann Josef Landau: Neuer deutscher Hausschatz für Freunde der Künste und Wissenschaften. II. Theil, Literatur, Selbstverlag, Prag: 1866, S. 949

6 The Californian, Vol. Vi. No. 1, February 16 1867, S. 13: „A scribbler says life is too short to drink poor whisky, or to make love to an ugly woman."

7 Hans Rutishauer, Walter Winkler: Keine Angst vor Wort und Satz: der vergnügliche Sprachführer für jedes Büro. Verlag des Kaufmännischen Vereins, Zürich: 1977, S. 73

8 „Die jüngste Weinprobe in den geschmackvoll eingerichteten Räumen des ‚Hauses Baden-Württemberg' stellte Minister Seifritz unter die beherzigenswerte Devise: ‚Das Leben ist viel zu kurz, um einen schlechten Wein zu trinken.'" Baden-Württembergische Verlagsanstalt, Rottweil am Neckar: 1969, S. 4

9 Gerhard Vogl: Wort-Gefechte: Sprachliche Gemeinheiten aus Politik, Kunst, Wirtschaft & Sport. Kremayr und Scheriau, Wien: 2013

10 Das große Wein-Spezial, von Ronny Porsch. F.A.Z.-Archiv, 29. Juli 2003

11 Johann Wolfgang von Goethe: Maximen und Reflexionen (Aus Wilhelm Meisters Wanderjahren). In: Goethes Sämtliche Werke, Band XIII, Insel Verlag, Leipzig: [1910f.], S. 577

12 Goethe: Maximen und Reflexionen (Aus den Wahlverwandtschaften). In: Goethes Sämtliche Werke, Band XIII, Insel Verlag, Leipzig: [1910f.], S. 531

13 Goethe: Maximen und Reflexionen, Überschrift: (1827). In: Goethes Sämtliche Werke, Band XIII, Insel Verlag, Leipzig: [1910f.], S. 566

„Die Zeit, die man mit Katzen verbringt, ist niemals verlorene Zeit.“

SIGMUND FREUD

Der Arzt, Neurologe, Kulturtheoretiker und Begründer der Psychoanalyse förderte mit seinem epochalen Werk das Verständnis für die Bedeutung des Seelenlebens. Wenngleich viele seiner Theorien heute umstritten sind, wird seine Hauptthese, dass unsere rationalen Handlungen von unbewussten Motiven beeinflusst werden, von der modernen Neurowissenschaft bestätigt.

Freud (1856–1939) hat in seiner Studie „Zur Psychopathologie des Alltagslebens" ein Kapitel[1] den Irrtümern und Erinnerungstäuschungen gewidmet, also dem Ursprung der meisten Falschzitate. Nach seiner Theorie müsste jene Person, die unabsichtlich ein Zitat einer falschen Autorität zuschrieb oder es entstellte, dafür ihre unbewussten Gründe gehabt haben, die auf der Couch des Psychoanalytikers aufgedeckt werden könnten.

Jene Analyse-Patient:innen, die sich in seinem Arbeitszimmer auf das weltberühmte Möbel mit der charakteristischen Orientdecke legten, waren nicht nur von vielen kleinen Figuren und Artefakten aus der Antike umgeben. Sie mussten sich neben dichtem Zigarrenrauch ab 1928 auch an die Anwesenheit seiner Hündin Jofie während der Sitzungen gewöhnen. Der erste Therapiehund, ließe sich sagen.

Freud mochte nicht nur seinen Chow-Chow, er mochte Tiere: „Ich weiß nicht, was man eigentlich gegen das Tier einzuwenden hat", antwortete er dem US-amerikanischen Journalisten George Viereck, der meinte, die Psychoanalyse habe vielleicht zu rückhaltlos das Tier im Menschen entlarvt. „Ich ziehe die Gesellschaft der Tiere der menschlichen Gesellschaft bei weitem vor. Gewiß, ein wildes Tier ist grausam. Aber die Gemeinheit ist ein Vorrecht des zivilisierten Menschen. Eine ganze Reihe häßlicher Eigenschaften des Menschen ist eine Folge ihrer Anpassung an eine hochentwickelte Zivilisation und ist das Ergebnis eines Konflikts zwischen unseren Instinkten und unserer Kultur. Die Psychoanalyse scheint mir gewissermaßen als der Faden, der aus dem Labyrinth des Lebens hinausführt."[2]

Der Wiener Seelenforscher übersetzte sogar – nach Vorarbeiten seiner Tochter Anna – das Buch einer ausgewiesenen Hundeliebhaberin, seiner ehemaligen Patientin und Schülerin Marie Bonaparte (1882–1962).[3] Freud kündigte seiner nunmehrigen Freundin die Übersetzung in einem berühmten Brief an, in dem er auch eine Antwort auf die Frage nach dem Sinn des Lebens gibt. Die wird übrigens oft ungenau zitiert:[4] „Im Moment, da man nach Sinn und Wert des Lebens fragt, ist man krank, denn beides gibt es ja in objektiver Weise nicht; man hat nur eingestanden, daß man einen Vorrat von unbefriedigter Libido hat, und irgend etwas anderes muß damit vorgefallen sein, eine Art Gärung, die zur Trauer und Depression führt. Großartig sind meine Aufklärungen gewiß nicht. Vielleicht weil ich selbst zu pessimistisch bin. Mir geht ein ‚advertisement' im Kopf herum, das ich für das kühnste und gelungenste Stück amerikanischer Reklame[5] halte: ‚Why live, if you can be buried for ten Dollars?'"[6]

Es war das Jahr 1937, als Freud diese Zeilen an Marie Bonaparte schrieb, und der Titel ihres Buches lautete „Topsy. Der goldhaarige Chow". Sie beschreibt darin nicht nur eine närrische Hundeliebe, die Krebs-Erkrankung des Tiers löste bei ihr unheilvolle Erinnerungen an den Krebs-Tod ihres Vaters aus. In den Wochen[7] nach dem „Anschluss" Österreichs im März 1938 machte sich Freud an die Übersetzung aus dem Französischen, es war mehr als bloß ein Freundschaftsdienst. Bonaparte, Prinzessin von Griechenland und Dänemark, hatte ihren Freund und ebenfalls schwer an Krebs erkrankten

Mentor bei der Emigration nach England unterstützt. Während jedoch die Hündin in ihrem Buch die Bestrahlungen überlebt, vermochten sie Sigmund Freud nicht mehr zu helfen. Er starb 1939 in London, im selben Jahr erschien die Übersetzung von Marie Bonapartes Buch.[8]

Ein so bekannter Name wie Sigmund Freud lockt natürlich Falsch-Zitate an. Von Witzchen bis Weisheiten wird ihm allerlei zugeschrieben, was er nie gesagt oder geschrieben hat: Siehe zum Beispiel: „Manchmal ist eine Zigarre eben nur eine Zigarre." Oder: „Der Verlust der Scham ist das erste Zeichen von Schwachsinn." Oder: „Wer Trinken, Rauchen und Sex aufgibt, lebt auch nicht länger. Es kommt ihm nur so vor." Und schließlich: „Bevor Sie bei sich selbst eine schwere Depression oder Antriebsschwäche diagnostizieren, stellen Sie sicher, dass Sie nicht komplett von Arschlöchern umgeben sind."[9]

Und damit zu den Katzen: 2006 wurde Sigmund Freud zuerst auf Englisch, dann auf Deutsch und Französisch oft der Satz „Time spent with cats is never wasted"[10] untergeschoben.

Ein Spruch, der vermutlich in den 1980er- oder 1990er-Jahren aufgekommen ist und seit etwa 1994 der französischen Autorin Colette (1873–1954) zugeschrieben wird. Allerdings habe ich den Satz bislang in ihren digitalisierten Schriften weder auf Französisch noch auf Englisch entdecken können. Wobei ich mir bei der Varietékünstlerin und der nicht einfachen Quellenlage nicht sicher bin, ob nicht doch noch irgendwann ein entsprechender Text auftaucht.

Ziemlich sicher allerdings bin ich mir, dass dieses Katzen-Zitat niemals in einem Text Sigmund Freuds gefunden wird.[11] Erstens, weil auch die Expert:innen des Londoner Sigmund Freud Museums[12] nichts entdecken konnten, und zweitens, weil er zwar Tiere liebte, aber mit einer Ausnahme: Katzen.

Der ansonsten für seine heitere Höflichkeit bewunderte Seelenforscher wurde in einem Brief an Arnold Zweig ziemlich deutlich, als er über die Ehefrau eines befreundeten Psychoanalytikers befand: „Ich mag sie nicht. Sie hat die Natur einer Katze, die ich ja auch nicht mag."[13]

→ SIGMUND FREUD ZITIEREN, ABER RICHTIG

„Man kann sich des Eindrucks nicht erwehren, daß die Menschen gemeinhin mit falschen Maßstäben messen, Macht, Erfolg und Reichtum für sich anstreben und bei anderen bewundern, die wahren Werte des Lebens aber unterschätzen."[14]

„Wo Es war, soll Ich werden."[15]

„Nein, ich bin kein Pessimist, denn ich habe meine Kinder, meine Frau und meine Blumen."[16]

ANMERKUNGEN

1 Sigmund Freud: „Zur Psychopathologie des Alltagslebens" (Über Vergessen, Versprechen, Vergreifen, Aberglaube und Irrtum) 1904, 5., vermehrte Auflage. S. Karger, Berlin: 1917, S. 180–189

2 Georg Silvester Viereck: „Professor Freud über den Wert des Lebens. Ein Gespräch mit dem großen Gelehrten". Neue Freie Presse, 28. August 1927, Morgenblatt, S. 4

3 Marie Bonaparte: „Topsy. The Story of a Golden-Haired Chow". Introduction: Gary Genosko,Transaction Publishers, New Brunswick/London: 1994, S. 1 (Introduction)

4 „In dem Augenblick, in dem ein Mensch den Sinn und den Wert des Lebens bezweifelt, ist er krank."

5 Die Reklame erschien zum Beispiel in: „Die Weltbühne", XXVI. Jahrgang, Nr. 3, 14. Januar 1930, Verlag der Weltbühne, Berlin: 1930, S. 114

6 Sigmund Freud an Marie Bonaparte, 13. August 1937 in: Sigmund Freud: „Briefe 1873-1939", herausgegeben von Ernst und Lucie Freud. S. Fischer, Frankfurt am Main: 1960, 3. korr. Auflage, S. 452

7 Siehe Gary Genosko, der Ernest Jones und Anna Freud zitiert, in: Marie Bonaparte: „Topsy. The Story of a Golden-Haired Chow". Introduction: Gary Genosko, Transaction Publishers, New Brunswick/London: 1994, S. 13 (Introduction)

8 Marie Bonaparte: „Topsy. Der goldhaarige Cow". Übersetzt von Anna und Sigmund Freud. Allert de Lange, Amsterdam: 1939

9 Siehe meine Sammlung falscher Zitate (falschzitate.blogspot.com)

10 Frühe falsche Zuschreibung an S. Freud: „Quoteable Cats". Summersadale Publishers, Chichester/West Sussex: 2006 [S. 96]

11 Ich danke Ben Singer für den Hinweis auf dieses angebliche Freu-Zitat.

12 Freud Museum London: „10 Quotes Wrongly Attributed to Sigmund Freud. A catalogue of quotations erroneously attributed to Freud". (freud.org.uk)

13 Als der Ehemann diesen unfreundlichen Brief Sigmund Freuds später von Arnold Zweig erhielt, verbrannte er ihn, hat ihn davor aber abgetippt, diese Abschrift des Briefes ist erhalten. Sigmund Freud an Arnold Zweig, 10. Februar 1937 in: Eran Rolnik: „Freud auf Hebräisch: Geschichte der Psychoanalyse im jüdischen Palästina". Aus dem Hebräischen von David Ajchenrand. Vandenhoeck u. Ruprecht, Göttingen: 2013, S. 163

14 Sigmund Freud: „Das Unbehagen in der Kultur"." Internationaler Psychoanalytischer Verlag, Wien: 1930. Erster Satz.

15 Sigmund Freud: „Neue Folge der Vorlesungen zur Einführung in die Psychoanalyse". Internationaler Psychoanalytischer Verlag, Wien: 1933, S. 111

16 Georg Silvester Viereck: „Professor Freud über den Wert des Lebens. Ein Gespräch mit dem großen Gelehrten". Neue Freie Presse, 28. August 1927, Morgenblatt, S. 4

„Eine Lüge muss nur oft genug wiederholt werden. Dann wird sie geglaubt.“

?

JOSEPH GOEBBELS

Auf der ganzen Welt glaubt man, dieses hunderttausendfach[1] wiederholte Zitat sei von Joseph Goebbels (1897–1945). Ist es aber nicht.[2] Auch wenn es dem nationalsozialistischen Reichsminister für Volksaufklärung und Propaganda seit 1946 noch so oft untergeschoben wurde, in diesem Wortlaut hat er es anscheinend nie gesagt.[3]

Das Zitat erweckt den Eindruck, Joseph Goebbels hätte jemals wahrhaftig und offen über seine Propagandatricks gesprochen. Das hat er aber so wenig getan wie sein von ihm geliebter Führer. Sie haben die Große Lüge als Propagandaprinzip immer nur anderen unterstellt, den Marxisten, den Juden und den Engländern.

Unbestritten wahr ist hingegen die Kernbotschaft dieser Aussage, und sie gilt nicht nur für Lügen, sondern für jeglichen Unsinn, auch für Kuckuckszitate, schließlich müssen sie nur oft genug wiederholt werden, damit sie zur fröhlich verbreiteten Wahrheit werden.

So wie etwa die Querdenker heute haben sich Hitler und Goebbels als Kämpfer gegen die verlogene Presse präsentiert, als Verteidiger der Wahrheit. Niemand hat die Diskrepanz zwischen dem Selbstbild der Nationalsozialisten in ihrer Propaganda und der Realität nationalsozialistischer Politik genauer analysiert als Karl Kraus in seinem erst posthum publizierten polemischen Essay „Dritte Walpurgisnacht". Und das bereits im Jahr 1933.

Aus dem NSDAP-Parteiprogramm und den Reden in der Weimarer Republik war jedem und jeder mit politischem Urteilsvermögen klar, was Hitler in Bezug auf die jüdische Bevölkerung und die Nachbarstaaten Deutschlands vorhatte. Doch 1933, nach der Machtübernahme Hitlers, konnte man dies nicht mehr klar aussprechen, ohne Sanktionen oder einen Präventivkrieg der Alliierten zu riskieren. Deswegen wurde über die eigentlichen Pläne so lange gelogen, bis die Wehrmacht wieder aufgerüstet war.

Karl Kraus hatte schon im Sommer 1933 den Eindruck, in Hitler-Deutschland wurde „in drei Monaten so viel gelogen wie vorher in 300 Jahren",[4] und er musste im Herbst 1933 zur Kenntnis nehmen, dass diese Lügen erfolgreich waren. Die Weltöffentlichkeit war zwar im Frühling 1933 schockiert über die Berichte über Folterungen in den Braunen Häusern und den ersten Konzentrationslagern, die Demütigungen von Christinnen, die mit Juden geschlafen hatten, über die täglichen Nachrichten von angeblich „auf der Flucht erschossenen" Gewerkschaftern, Sozialdemokraten und Kommunisten waren. Doch sie ließ sich von Hitlers Beteuerungen, den Frieden erhalten zu wollen, einlullen. Bereits im Herbst war von Sanktionen oder Boykotts praktisch keine Rede mehr. Hitlers sogenannte Friedensreden hatten gefruchtet und Goebbels Erklärungen, die Nachrichten über die Grausamkeiten seien „Gräuelpropaganda", waren erfolgreich. Das Weltgewissen war wieder eingeschlafen.

In der Tat haben nur wenige Politiker so schamlos gelogen wie der ausgebildete Germanist Goebbels. In seinen Reden sowie in seinem Tagebuch[5] jedoch posierte er als einer, der ausschließlich der Wahrheit verpflichtet war. Seiner Wahrheit. Entsprechend setzte sein Propagandaapparat niemals offen auf Lügen, sondern bezeichnete sein Tun als „Probleme auf die einfachste Formel zu bringen".[6] Unwahrheiten würden nur die Feinde Deutschlands verbreiten, die Nationalsozialisten hingegen stets treu und redlich handeln. Was Goebbels nicht müde wurde zu wiederholen. Etwa bei seiner Rede am Reichsparteitag in Nürnberg 1934: „Eine gute Propaganda braucht nicht zu lügen, ja, sie darf nicht lügen. Sie hat keinen Grund, die Wahrheit zu scheuen."[7]

Juden und Marxisten indes wurden der „großen Lüge“ bezichtigt, wie es Adolf Hitler in seinem Bestseller „Mein Kampf“ mit dem Untertitel: „Eine Abrechnung“ formuliert hat: „Man ging dabei von dem sehr richtigen Grundsatze aus, daß in der Größe der Lüge immer ein gewisser Faktor des Geglaubtwerdens liegt, da die große Masse des Volkes bei der primitivsten Einfalt ihres Gemütes einer großen Lüge leichter zum Opfer fällt als einer kleinen.“[8] Dieser Satz wird übrigens oft falsch interpretiert: Hitler gewährt damit keinen Einblick in nationalsozialistische Propagandatechniken, sondern beschreibt die angeblichen Methoden der ideologischen Gegner.

Aber zurück zum Goebbels-Zitat: 1940 etwa ließen die Nazis ein Schriftplakat verbreiten, auf dem in großen Frakturbuchstaben folgende neun Wörter standen: „Die Wahrheit ist immer stärker als die Lüge. GOEBBELS“.[9] 1941 sagte er: „Die Engländer gehen nach dem Prinzip vor, wenn du lügst, dann lüge gründlich, und vor allem bleibe bei dem, was du gelogen hast! Sie bleiben also bei ihren Schwindeleien, selbst auf die Gefahr hin, sich damit lächerlich zu machen.“[10]

Aufgetaucht sind die Pseudo-Goebbels-Lügen-Zitate in unterschiedlichen Varianten, zuerst 1946 in einer kurzen Version und folgendem Wortlaut: „If you repeat a lie often enough, people will believe it …“[11] In dieser Version wird der Satz auch meistens zitiert. Donald Trump verwendete dieses „Goebbels“-Zitat im US-Präsidentschaftswahlkampf gegen Hillary Clinton und Hillary Clinton gegen Donald Trump, während der Corona-Pandemie war sie bei fanatischen Impfkritiker:innen beliebt.

Vor rund zwanzig Jahren griff eine längere Variante von den USA ausgehend auf alte und neue Medien über, die seit etwa zehn Jahren auch auf Deutsch[12] kursiert, zu finden zum

Beispiel auf der Webseite achgut.com: „Von Joseph Goebbels, dem ‚Propaganda-Minister' Hitlers, stammt die Aussage: ‚Wenn man eine große Lüge erzählt und sie oft genug wiederholt, dann werden die Leute sie am Ende glauben. Man kann die Lüge so lange behaupten, wie es dem Staat gelingt, die Menschen von den politischen, wirtschaftlichen und militärischen Konsequenzen der Lüge abzuschirmen. Deshalb ist es von lebenswichtiger Bedeutung für den Staat, seine gesamte Macht für die Unterdrückung abweichender Meinungen einzusetzen. Die Wahrheit ist der Todfeind der Lüge, und daher ist die Wahrheit der größte Feind des Staates.'"[13]

Ungeklärt[14] ist noch immer, wer das falsche Goebbels-Zitat in der Langversion als Erster formuliert hat und wer es als Erster Joseph Goebbels untergeschoben hat. In Verdacht steht ein 9/11-Verschwörungstheoretiker. Vor dem Jahr 2002 konnte diese Variante noch nicht nachgewiesen werden. Auch Teile dieses Kuckuckszitat wie „Die Wahrheit ist der größte Feind des Staates" werden in den sozialen Medien als Goebbels-Zitat verbreitet.

→ STATT GOEBBELS-ZITATEN EINES VON KARL KRAUS

„Jenseits aller Frage, mit welchem Humbug sie die Masse nähren — sie sind Journalisten. Sie sind Leitartikler, die mit Blut schreiben. Ja, Feuilletonisten der Tat."[15]

ANMERKUNGEN

1 Seit 2008 dokumentiert der Historiker Randall Bytwerk im German Propaganda Archive (Calvin College) und auf seinem Blog „Goebbels Didn't Say It" die anscheinend unaufhaltsame Weiterverbreitung von Pseudo-Nazi-Zitaten im Internet, in Büchern und in amerikanischen Zeitungen.

2 Randall L. Bytwerk: German Propaganda Archive. University Faculty Publications and Creative Works: 1998, S. 567

3 Laut Quellenlage. Man kann nie mit Sicherheit sagen, jemand habe das und das nie gesagt.

4 Karl Kraus: Dritte Walpurgisnacht, herausgegeben von Christian Wagenknecht. Suhrkamp, st 1322, Frankfurt am Main: 1989, S. 163

5 Peter Longerich: Joseph Goebbels. Biographie. Siedler Verlag, München: 2010, S. 444

6 Die Tagebücher von Joseph Goebbels. Sämtliche Fragmente. Herausgegeben von Elke Fröhlich im Auftrag des Instituts für Zeitgeschichte und mit Unterstützung des Staatlichen Archivdienstes Russlands. Teil II, Diktate 1941–1944 (Bd. III: Januar–März 1942). New Providence, London/Paris: 1994, 29. Januar 1942, S. 213

7 Josef Goebbels: Kongreßrede „Die Propaganda und Aufklärung als Voraussetzung praktischer Arbeit auf zahlreichen Gebieten", „Der Kongreß zu Nürnberg", 5. bis 10. September 1934. Verlag Franz Eher Nachf., München: 1943, S. 130–141, hier S. 134

8 Adolf Hitler: Mein Kampf. Verlag Franz Eher Nachf., München: 1943, S. 252

9 Das Plakat ist auf meinem Blog abgebildet.

10 Joseph Goebbels: Aus Churchills Lügenfabrik, 12. Januar 1941, in: Die Zeit ohne Beispiel. Reden und Aufsätze aus den Jahre 1939/40/41. Zentralverlag der NSDAP Franz Eher Nachf., München: 1941, 12. Januar 1941, S. 364

11 Publications Relating to Various Aspects of Communism by United States Congress, House Committee on Un-American Activities, 1946, H. 1–15, S. 19

12 Facebook: seit 2011

13 Achgut.com

14 Quentin J. Schultze und Randall L. Bytwerk: Plausible Quotations And Reverse Credibility In Online Vernacular Communities, in: ETC: A Review of General Semantics, Bd. 69, No. 2 (April 2012, Published By: Institute of General Semantics), S. 216–234, hier S. 216

15 Karl Kraus: Dritte Walpurgisnacht. Herausgegeben von Christian Wagenknecht. Suhrkamp, Frankfurt am Main: 1989, S. 307

„Wo Unrecht zu Recht wird, wird Widerstand zur Pflicht."

BERTOLT BRECHT

Der Sprachlehrer und Sprachkritiker Wolf Schneider, dem viele Journalist:innen ihre Ausbildung verdanken, meinte in einem Artikel in der „Zürcher Zeitung": „Der Mensch Bert Brecht muss ein Scheusal gewesen sein (das waren grosse Männer oft). Der Kommunist Bert Brecht hat Stalin verherrlicht und sich dafür den Spottnamen ‚Minnesänger der GPU' eingehandelt. Der Dichter Bert Brecht aber hat in der deutschen Sprache und für sie Grosses geleistet: zum einen in der gemeisselten Einfachheit, die er an Luther schulte (‚Stell dir vor, es ist Krieg, und keiner geht hin'), zum andern in der frechen, zynischen Kraft [...] der ‚Dreigroschenoper'-Einsicht ‚Erst kommt das Fressen, dann kommt die Moral'."[1]

Man wird Wolf Schneider zustimmen: Brecht hat in der deutschen Sprache als Lyriker, Dramatiker und Essayist Großes geleistet. So einer wird naturgemäß gerne zitiert, bloß verhält es sich bei ihm wie mit anderen Berühmtheiten. Nicht alles Brecht Zugeschriebene stammt tatsächlich von Brecht. Das populäre Graffito „Stell dir vor, es ist Krieg und keiner geht hin" wurde ihm genauso untergeschoben wie andere Sprüche aus den 1970er-Jahren.

In dieser Zeit ersann vor allem die Anti-Atomkraftbewegung unzählige markante Slogans: „Atomkraft? Nein danke", dazu die Illustration einer lachenden Sonne, ist ein populäres Beispiel dafür, dass wichtige Anliegen auch freundlich verpackt werden konnten. Eine weitere, fast genauso verbreitete Parole tauchte 1974 oder 1975[2] erstmals als Graffito oder Poster in der Nähe der Baustellen der geplanten Atomkraftwerke in Brokdorf und Wyhl auf: „Wo Recht zu Unrecht wird, wird Widerstand zur Pflicht."[3]

Der auf vielen Flugblättern[4] und Transparenten verbreitete Spruch wurde 1978 auch zum Motto[5] der österreichischen Atomkraftgegner:innen, die erfolgreich gegen die Inbetriebnahme des

Atomkraftwerks Zwentendorf kämpften. Später wurde er von Aktivist:innen unterschiedlicher politischer Richtungen übernommen, von der extremen Linken bis zur extremen Rechten.

Während wir inzwischen wissen, wer den Slogan „Atomkraft? Nein danke" erfunden hat[6] – es war die damals 22-jährige dänische Wirtschaftswissenschaftsstudentin Anne Lund –, bleiben die Urheber der deutlich ernsteren Parole im Dunkeln.

Gut möglich, dass die Forderung aus Henry David Thoreaus Essay „Über die Pflicht zum Ungehorsam gegen den Staat" entlehnt ist, der 1973 in deutscher Übersetzung[7] erschien. Die Grüne-Abgeordnete Petra Kelly führte sie hingegen 1983 im Deutschen Bundestag auf eine ähnliche Forderung Papst Leos XIII. in seiner Enzyklika „Sapientiae christianae" zurück, die folgendermaßen lautet: „Wenn aber die Gesetze des Staates mit dem göttlichen Recht in offenbarem Widerspruch stehen, wenn sie der Kirche Unrecht zufügen oder den religiösen Verpflichtungen widerstreiten oder die Autorität Jesu Christi in seinem Hohenpriester verletzen, dann ist Widerstand Pflicht und Gehorsam Frevel."[8]

Kelly hat diesen Absatz etwas verkürzt im Bundestag wiedergegeben: „Wir berufen uns auch auf die Worte Papst Leo XIII. – ich zitiere –: ‚Wenn aber die Staatsgesetze sich offen gegen das göttliche Recht auflehnen ... dann ist Widerstand Pflicht, Gehorsam aber Verbrechen.' ..."[9] Ob jene Leute, die die Parole um 1974 geprägt haben, wirklich an die päpstliche Enzyklika gedacht haben, ist ungewiss.

Vor dem Jahr 2006 habe ich keine Zuschreibung an Brecht gefunden. Auch nicht in der Variante „Wo Recht zu Unrecht wird, wird Widerstand zur Pflicht".[10]

Im 21. Jahrhundert wurde der Grundsatz der Atomkraftgegner:innen nicht mehr einem Papst zugeschrieben, sondern Tausende Male Bertolt Brecht – und vereinzelt auch Goethe.

→ BRECHT ZITIEREN, ABER RICHTIG

„Wer a sagt, der muß nicht b sagen. Er kann auch erkennen, daß a falsch war.“[11]

„Wir stehen selbst enttäuscht und sehn betroffen // Den Vorhang zu und alle Fragen offen.“[12]

„Der Schoß ist fruchtbar noch, aus dem das kroch.“[13]

ANMERKUNGEN

1 Wolf Schneider: Bert Brecht, begnadetes Scheusal. Neue Zürcher Zeitung, NZZ, 1. Juli 2008

2 Frühe Erwähnung eines Plakats in: Peter Schneider: „... schon bist du ein Verfassungsfeind: Das unerwartete Anschwellen der Personalakte des Lehrers Kleff“. Rotbuch Verlag, Berlin: (1975) 1982, S. 96.

3 Ich danke Markus Pirchner für den Hinweis auf diese Pseudo-Brecht-Zitate und Ralf Bülow für seine Recherchen.

4 Schwarz oder rot, wir schlagen euch tot. Der Spiegel, 13/77, 20. März 1977

5 Initiativ. Informationsblatt der Initiative österreichischer Atomkraftgegner (IÖAG) Nr. 2 April 1978 Titel, S. 1

6 Jochen Antz: Sonnenenergie – Sie war Studentin, saß in ihrem Zimmer und malte ein kleines Bild. So erfand die Dänin Anna Lund vor 36 Jahren das Symbol der Anti-Atomkraft-Bewegung. Süddeutsche Zeitung, Nr. 65, 19./20. März 2011, S. 3

7 Henry David Thoreau: Über die Pflicht zum Ungehorsam gegen den Staat – und andere Essays. Diogenes Verlag, Zürich: 1973

8 8 Papst Leo XIII.: Enzyklika Sapientiae christianae, 10. Januar 1890, in: Die katholische Sozialdoktrin in ihrer geschichtlichen Entfaltung. Hrsg. von Arthur Fridolin Utz und Birgitta Gräfin von Galen, Scientia humana Institut, Aachen: 1976, Der Gehorsam gegenüber den legitimen Gesetzen, §10

9 Deutscher Bundestag, Stenographischer Bericht, 10. Wahlperiode, 13. Sitzung, 15. Juni 1983, S. 768

10 Die falschen Zuschreibungen an Bertolt Brecht scheinen erst im Jahr 2007 begonnen zu haben, zum Beispiel von der FPÖ-Abgeordneten Susanne Winter. (Falter, 28. November 2007)

11 Bertolt Brecht: Der Jasager. Der Neinsager, in: Ausgewählte Werke in sechs Bänden. Erster Band: Stücke 1. Suhrkamp Verlag, Frankfurt am Main: 1997, 2. Bild (Der Knabe), S. 317

12 Ders.: Der gute Mensch von Sezuan, in: Ausgewählte Werke in sechs Bänden. Zweiter Band: Stücke 2. Suhrkamp Verlag, Frankfurt am Main: 1997, Epilog (Der Spieler), S. 294

13 Ders.: Der aufhaltsame Aufstieg des Arturo Ui. Herausgegeben von D. G. Matthews. Methuen: London, 1981, S. 200

„Was kränkt, macht krank."

HILDEGARD VON BINGEN

Als Hildegard von Bingen geboren wurde, war der Erste Kreuzzug in vollem Gang. Als sie 1179 im Alter von 81 Jahren starb, war nicht absehbar, dass die Universalgelehrte knapp 900 Jahre später noch immer verehrt werden würde. Die Benediktinerin, Schriftstellerin, Komponistin und heilkundige Universalgelehrte hatte ein wahrlich vielfältiges, außergewöhnliches Leben hinter sich gebracht und gilt heute als erste Vertreterin der deutschen Mystik.

Hildegard wurde schon als achtjähriges Mädchen Oblatin, also Nonne, und gründete mit fünfzig eine eigene Abtei, das Kloster Rupertsberg bei Bingen am Rhein. Im Laufe ihres Lebens hatte sie sich enormes Wissen angeeignet. Obwohl sie nicht studiert hatte, verfasste sie in einfachem Latein Schriften zur Natur- und Heilkunde, zu Steinen, Kräutern, Bäumen und zu den Sternen. Sie komponierte, gut möglich auch, dass die geheimnisvollen bunten Miniaturen zu ihren religiösen Schriften aus ihrer Feder stammen. Zudem erfand sie eine eigene Sprache mit neuen Buchstaben. Berühmt wurde sie aber zu Lebzeiten wegen ihrer Visionen, Erscheinungen, die sie als Auftrag Gottes verstand und in mehreren Niederschriften veröffentlichte. Sie selbst bezeichnete sich gar als „Posaune Gottes".

Ein mindestens ebenso großes Wunder war wohl, dass die kluge, selbstbewusste Äbtissin von der Heiligen Mutter Kirche nicht aus dem Verkehr gezogen wurde. Fehden mit allerlei geistlichen Würdenträgern konnten dennoch nicht verhindern, dass sie die erste Frau mit päpstlicher Predigterlaubnis war. Von Sekretären tatkräftig unterstützt, war sie eine beeindruckend vielfältige Autorin. Tabuthemen kannte sie nicht, sie gilt als erste Frau, die den weiblichen Orgasmus beschrieben hat. 2012 wurde sie von Hildegard-Fan Papst Benedikt XVI. zur „Kirchenlehrerin" erhoben.

Ihr religiöses und politisches Wirken bescherte Hildegard von Bingen einen Ehrenplatz in der Geschichte des Mittelalters. Bis heute bekannt ist sie jedoch vor allem für ihre natur- und heilkundlichen Schriften. Oder genauer gesagt: Was alles unter dem Label „Hildegard von Bingen" verbreitet wird.

So halten Medizinhistoriker:innen den Begriff „Hildegard-Medizin" für nicht mehr als ein Marketing-Schlagwort, das 1970 von einem profitfreudigen Arzt ersonnen wurde. Das Geschäft mit Hildegard-Steinen, Hildegard-Likören und Hildegard-Tinkturen habe oft „überhaupt nichts mit Hildegard von Bingen zu tun", wie der Leiter einer Forschergruppe Klostermedizin betont.[1] Ebenso im Schwange ist das „Hildegard-Heilfasten". Allein: Es gibt in den Schriften der charismatischen Frau genau einen Satz zum Thema, nämlich die Warnung, das Fasten „nicht zu übertreiben". Dennoch wird weiterhin auf ihre Tipps geschworen, was ähnlich seriös ist, wie Hildegard von Bingen das deutsche Wortspiel „Was kränkt, macht krank" zuzuschreiben, ohne dafür eine Quelle in ihren lateinischen Schriften anzugeben. Es gibt nämlich keine.

Dennoch beruft sich der österreichische Psychiater Reinhard Haller in seinem Buch über die „Macht der Kränkung"[2] auf die deutsche Mystikerin, etwa wenn er postuliert: „Was kränkt, macht krank, hat schon Hildegard von Bingen gesagt."[3] Eine Formulierung, die auch in die Hauptthese seines Buches aus dem Jahr 2015 eingeflossen ist: „Was kränkt, macht krank, was kränkt, löst Krisen aus, Kränkungen führen zu Kriminalität und Krieg."

Haller scheint hauptverantwortlich zu sein, dass dieses Sprichwort in den vergangenen Jahren zumindest in den sozialen Medien immer öfter Hildegard von Bingen untergeschoben wurde. Bis 2017 war es, zumindest auf Twitter, immer nur als anonyme Lebensweisheit zitiert worden.

Meine These: Die falsche Zuschreibung des Sprichworts an Hildegard hat sich verbreitet, weil ein Werbetext für ein Buch[4] von Hildegard von Bingen als Zitat missinterpretiert wurde. Konkret geht es um die Übersetzung von Hildegard von Bingens Werk „Physica", und zwar unter dem Titel „Heilkraft der Natur. ‚Physica': Das Buch von dem inneren Wesen der verschiedenen Naturen der Geschöpfe", erschienen 2009. In der Kurzbeschreibung der Publikation steht bei mehreren Online-Händlern folgender Verlagstext: „Die Heilkunde der heiligen Hildegard versteht sich als ganzheitliches System, in dem der Mensch und die ihn umgebende Schöpfung in gleicher Weise zusammengehören wie der Körper und die Seele des Menschen. Es ist allgemein bekannt: ‚Alles was kränkt, macht krank.'" Die schlampige Lektüre dieses Reklametextes hat das Kuckuckszitat geboren.

Nicht allgemein bekannt ist, dass der Spruch – ohne Hildegard-Zuschreibung – von einem anderen Psychiater immer wieder zitiert wurde: Erwin Ringel (1921–1994). Eine Generation vor Reinhard Haller hat es der österreichische Analytiker der Kärntner Seele sowie Autor des Bestsellers „Die österreichische Seele"[5] ebenfalls verwendet. Einmal hat er sogar verraten, von wem er es übernommen hat: „‚Was kränkt, macht krank', kann man mit Max Herz sagen."[6]

Der Internist Max Herz (1865–1956) war ein Herzspezialist, der 1939 über London in die USA fliehen musste. 1910 hatte er in Wien ein „Essbuch für Herzkranke" veröffentlicht. Sein Hauptrezept war, so sorgenfrei wie möglich zu leben. Auf seinem Rezeptzettel hätte stehen können: 1. Bleiben Sie heiter! 2. Leben Sie behaglich! 3. Quälen Sie sich nicht mit Diäten, die Ihnen nicht schmecken.[7] Jede Unlust, jede Kränkung mache krank, schädige das Herz: „Freude und Glück führen dem Herzen neue Kräfte zu, beleben und heilen."[8] „Was kränkt, macht krank; was Freude macht, ist gesund."[9]

Ob Max Herz diese Formel wirklich geprägt oder nur vom Hörensagen übernommen hat, ist ungewiss. In den großen Sprichwort- und Zitatesammlungen des 19. Jahrhunderts kommt der Satz jedenfalls noch nicht vor. Bei chronologischen Suchen in den digitalisierten Zeitungen und Büchern taucht er im Jahr 1928[10] erstmals auf und wird von einem Kollegen von Herz 1932 nicht als dessen Zitat, sondern als altes Wort[11] bezeichnet. Zukünftige Zitatforscher:innen können vielleicht einmal das Rätsel lösen. Sicher allerdings ist: Von der deutschen Mystikerin Hildegard von Bingen, die ihre Erlebnisse und Erkenntnisse in lateinischer Sprache niederschrieb, kann dieses deutsche Wortspiel nicht stammen.

→ HILDEGARD VON BINGEN ZITIEREN, ABER RICHTIG

„Jedes Geschöpf ist mit einem anderen verbunden, und jedes Wesen wird durch ein anderes gehalten."[12]

„Jedwede Kreatur hat einen Urtrieb nach liebender Umarmung."[13]

„Die Gräslein können den Acker nicht begreifen, aus dem sie sprießen."[14]

ANMERKUNGEN

1 Günther Brandstetter: Das große Geschäft mit Hildegard von Bingen. Der Standard, 5. Juli 2013

2 Reinhard Haller: Die Macht der Kränkung. Ecowin, Wals bei Salzburg: 2015

3 Zum Beispiel in einem Interview mit Andreas Lebert und Katrin Zeug. Die Zeit, 2. Januar 2017

4 Hildegard von Bingen: Heilkraft der Natur. „Physica": Das Buch von dem inneren Wesen der verschiedenen Naturen der Geschöpfe. Übersetzt von Marie L Portmann, Nachwort: Caecilia Bonn, Vorwort: Cyrill Bürgel. Christiana Verlag, Stein am Rhein: 2009

5 Reinhard Haller zitiert in seinem Buch, Freud, C. G. Jung und Alfred Adler, aber nicht Erwin Ringel.

6 Franz Kreuzer, Erwin Ringel: Dürstende Knospen: Österreich: Brutstätte der Neurose, Heilstätte der Neurose. Deuticke, Wien: 1985, S. 35

7 Keine Angst vor Herzkrankheiten. Radiovortrag des Dozenten Dr. Max Herz, Neues Wiener Tagblatt, Nr. 8, 9. Januar 1930, S. 15

8 Neue Freie Presse, Nr. 23459, 4. Januar 1930, S. 6

9 Allgemeiner Tiroler Anzeiger, Nr. 70, 25. März 1929, S. 5

10 Josef Löbel: Haben Sie keine Angst! Vierzig Kapitel optimistischer Medizin. Grethlein und Company, Leipzig/Zürich: 1928, S. 11

11 Josef Löbel, Neues Wiener Tagblatt, Nr. 100, 10. April 1932, S. 6

12 Hildegard von Bingen: Welt und Mensch. Das Buch „De operatione Dei". Übersetzung: Heinrich Schipperges. Otto Müller, Salzburg: 1965, S. 53

13 Hildegard von Bingen: Der Mensch in der Verantwortung: Übersetzung: Heinrich Schipperges. Otto Müller, Salzburg: 1972, S. 34

14 Hildegard von Bingen: Wisse die Wege. Scivias. Übersetzung: Maura Böckler, Otto Müller, Salzburg: 1955, S. 313

„Be the change you want the world to see.“

?

MAHATMA GANDHI

Wenn man zehn Personen nennen müsste, die das 20. Jahrhundert geprägt haben, wäre Mahatma Gandhi sicher eine von ihnen. Der indische Rechtsanwalt, Autor und Politiker hat nicht nur bewiesen, dass gewaltloser Widerstand gegen ein ungerechtes System erfolgreich sein kann. Mohandas Karamchand Gandhi (1869–1948) war und ist das Vorbild für unzählige Aktivist:innen, darunter Martin Luther King oder Nelson Mandela.

Gemeinhin bekannt als „Mahatma", als „große Seele", ein Ehrentitel, der ihm seit 1909[1] von verschiedenen Verehrer:innen zugesprochen wurde, setzte er bei der Befreiung Indiens von der britischen Kolonialmacht auf gewaltfreie Mittel, darunter Hunger-, Steuer- und Generalstreiks. Nicht zuletzt aber war der Pazifist, der von vielen in eine Reihe mit Franz von Assisi oder Buddha gestellt wird, ein begnadeter Kommunikator.

Es ist also kein Wunder, dass seine Aussprüche zu den meistzitierten der Welt gehören. Beliebt ist zum Beispiel das Zitat: „Zuerst ignorieren sie dich, dann lachen sie über dich, dann bekämpfen sie dich und dann gewinnst du." Schade nur, dass es nicht von ihm, sondern von einem US-amerikanischen Gewerkschafter stammt. Ebenfalls kein Gandhi-Gütesiegel gibt es für das angeblich allerbeliebteste Zitat der Welt: „Be the change you want the world to see."[2] „Sei du selbst die Veränderung, die du dir wünschst für diese Welt."

Sucht man im Internet nach „Be the change ...", springen einen sofort Dutzende Memes an, auf unzähligen Webseiten und auf über tausend[3] deutschsprachigen Zeitungsseiten wird ihm der „Change"-Slogan zugeschrieben, doch noch nie wurde der Satz in einer von Gandhis Reden oder Schriften gefunden. Warum ich das mit Gewissheit behaupten kann? Weil Journalist:innen[4] sowie Expert:innen der Sprichwort- und Zitatforschung[5] jahrelang der Sache nachgegangen sind – und auch, weil ich das Vergnügen hatte, mit jener Person, die das Zitat tatsächlich geprägt hat, zu telefonieren.[6]

Aber zurück an den Anfang der Recherche. Wie immer, wenn sich für ein Zitat auf Anhieb keine seriöse Quelle finden lässt, gibt es nur eine Lösung: Parömiolog:innen, besser bekannt als Zitate- und Sprichwortforscher:innen. Deren Publikationen helfen verlässlich weiter, so auch in diesem Fall. Wolfgang Mieder[7] von der University of Vermont gilt als die Autorität in der Sprichwortforschung. Weiters lohnt sich bei englischen Zitaten ein Blick auf Garson O'Tooles[8] Webseite quoteinvestigator.com. Mehr als zweitausend Problemfälle sind hier sorgfältig dokumentiert und analysiert.[9]

Das Ergebnis: Vier Jahrzehnte nach Gandhis Ermordung durch einen hinduistischen Attentäter wurde der Appell zum ersten Mal der „großen Seele" zugeschrieben, und zwar in der Variante „You must be the change you want to see in the world".[10] 1987 war das, und es geschah nicht in Indien, sondern in den USA, konkret in Santa Fe. Dort gab die Organisatorin eines Fests zu Ehren älterer Mitbürger:innen gegenüber einem Reporter an, sie sei durch diesen, Gandhis Spruch, zu ihrer Initiative angeregt worden. Der „Santa Fe New Mexican" druckte das Zitat samt angeblichem Urheber – und nach kurzer Zeit verbreitete sich der falsche Gandhi-Slogan auf der ganzen Welt.

Und das, obwohl alle Nachforschungen[11] bestätigen, dass der Prophet des gewaltfreien Widerstands zu Unrecht auf unzähligen Tassen, T-Shirts und Plakaten zitiert wird. Tatsächlich sollte dort der Name einer ehemaligen Lehrerin aus New York prangen: Arleen Lorrance. Sie war es, die den Ausspruch 1974 ersonnen hatte.[12] Dreizehn Jahre lang wurde er der Pädagogin in mehreren Publikationen korrekt zugeschrieben. Bis es Gandhi 1987 in Santa Fe übernommen hat.

Lorrance hat mir und anderen[13] erzählt, wie sie zu diesem Satz gekommen ist. Ende der 1960er-Jahre war die Lehrerin in einer Schule in Brooklyn verzweifelt über den Einfluss von Kriminalität und Gewalt auf ihre Schule. Lange verlor sich die Leiterin der Theaterklasse in Jammern und Tränen, Kritik und Belehrungen. Bis ihr eines Tages die Erleuchtung kam: Man müsse erst sich selbst ändern, bevor man andere positiv beeinflussen könne. 1970 startete sie ihr „Love Project", das bald Unterstützer:innen fand, aus der ungefähren Idee waren mittlerweile sechs Prinzipien geworden:[14]

1. **Begegne allen Menschen genauso schön, wie sie sind.**
2. **Sei die Veränderung, die du sehen willst, statt zu versuchen, andere zu ändern.**
3. **Schaffe bewusst deine eigene Realität.**
4. **Biete anderen Möglichkeiten, zu geben.**
5. **Habe keine Erwartungen, aber sei immer zuversichtlich.**
6. **Probleme sind Möglichkeiten.**[15]

Lorrance hatte mit ihrer Initiative enormen Erfolg, fortan verbreitete sie ihre Botschaft auch an anderen Schulen und in Workshops. Gut möglich also, dass „Be the change ...", „Sei du selbst die Veränderung ..." über Umwege und Hörensagen schließlich den Weg nach New Mexico fand. Lorrance, die sich später als Schriftstellerin einen Namen gemacht hat, war naturgemäß verblüfft, als ihre Maxime plötzlich als Gandhi-Zitat auftauchte, heute jedoch ist sie einfach bloß stolz, dass Menschen auf der ganzen Welt sich von ihrer Schöpfung inspirieren lassen.

Im deutschen Sprachraum schlug die falsche Zuschreibung Ende der 1990er auf und hat sich seitdem in Tausenden Artikeln verbreitet. Und das, obwohl seit mehreren Jahren

Literaturwissenschafter:innen, Historiker:innen und Journalist:innen gegen dieses Kuckuckszitat anschreiben.

Mahatma Gandhi hat 1913 in einem Artikel selbst über „change" geschrieben: „Wir aber spiegeln die Welt. Alle Strömungen [tendencies] der Außenwelt finden sich auch in der Welt unseres Körpers. Wenn wir uns selbst ändern könnten, würden sich auch die Strömungen in der Welt ändern. Wenn ein Mensch seine eigene Natur ändert, ändert sich auch die Einstellung der Welt zu ihm."[16]

Die griffige Formel „Be the change" hat aber nicht er, sondern eben Arleen Lorrance geprägt. „Sei die Veränderung, die du sehen willst", lautet die ursprüngliche Formulierung, die klarer ist als die Formulierung „you want to see in the world". Nun wird ausgerechnet ein so wahrheitsliebender Mann wie Gandhi mit einer Unwahrheit geehrt. Tröstlich allein: Der große indische Pazifist hat den berühmten Satz zwar nie gesagt, aber vielleicht am besten verkörpert. Und das wohl beliebteste Zitat der Welt stammt in Wirklichkeit von einer Frau.

→ GANDHI ZITIEREN, ABER RICHTIG

„Ein Irrtum wird nicht zur Wahrheit, nur weil er sich vervielfacht, und die Wahrheit wird auch nicht zum Irrtum, wenn sie niemand sieht. Die Wahrheit bleibt bestehen, auch wenn es keine öffentliche Unterstützung gibt. Sie steht für sich selbst."[17]

„Gewaltlosigkeit bedeutet keineswegs Ablehnung jeglicher Konfrontation mit dem Bösen. Sie ist meiner Auffassung nach im Gegenteil eine Form eines sehr aktiven Kampfes - echter als der gewalttätige Gegenschlag, dessen Wesen im Grunde die Vermehrung der Boshaftigkeit ist."[18]

„Es ist unklug, sich seiner eigenen Weisheit zu sicher zu sein. Es ist gesund, daran zu erinnern, dass der Stärkste schwach werden und der Gescheiteste sich irren kann."[19]

ANMERKUNGEN

1 https://theprint.in/opinion/a-lesser-known-friend-of-gandhi-who-gave-the-mahatma-a-lesson-in-european-etiquette/743491/

2 Ich bin allen zu Dank verpflichtet, die diesem berühmtesten Kuckuckszitat der Welt nachgegangen sind, besonders Bernd-Christoph Kämper, den Mitarbeiter:innen von wikiquote, Professor Buzzkill und Garson O'Toole.

3 Die deutsche Zeitungssuchmaschine genios.de ergibt mehr als 1000 verschiedene Zeitungsartikel.

4 Brian Morton: Falser Words Were Never Spoken. New York Times, 29. August 2011

5 The Yale Book of Quotations. Herausgegeben von Fred R. Shapiro, Vorwort von Joseph Epstein, Yale University Press, New Haven/London: 2006, S. 299

6 Bernd-Christoph Kämper hatte mich zu einem Zoom-Gespräch am 24. Juli 2022 mit Arleen Lorrance eingeladen.

7 Charles Clay Doyle, Wolfgang Mieder: Modern Proverbs: A Supplement" in: Proverbium: Yearbook of International Proverb Scholarship, Volume 33, 2016, S. 90

8 Garson O'Toole: „Be the Change You Wish To See in the World." 2017 (quoteinvestigator.com)

9 Sehr zu empfehlen ist auch der Bestseller Garson O'Tooles: „Hemingway didn't say it". Little A, New York: 2017

10 The Santa Fe New Mexican 22. März 1987, Denise Kusel: Celebration of the human spirit, Section: A Prime Time, S. 4 [Zitiert nach Garson O'Toole]

11 Aruna Gandhi, ein Enkel Mahatma Gandhis, hat nach längeren Diskussionen bestätigt, dass das Zitat nicht von seinem Großvater stammt.

12 Arleen Lorrance: The Love Project. Developing Priorities and a Style: Selected Readings in Education for Teachers and Parents. Herausgeber: Richard Dean Kellough, MSS Information Corporation, New York: 1974, S. 85

13 Professor Buzzkill: Arleen Lorrance „Be the Change ..." Special Episode!" Podcast, August 2020 (professorbuzzkill.com)

14 Arleen Lorrance: THE LOVE PRINCIPLES (consciousnesswork.com)

15 Dieses sechs Regeln habe sie auf einem gelben Zettel verteilt. Ihr „Love Project" habe nicht nur sie selbst und ihre Schule verändert, sondern viele Leute, die sie von diesen Lebensregeln überzeugen konnte. Lorraine lebt heute in Kalifornien und wird immer noch eingeladen über ihr „Love Project" zu sprechen.

16 „We but mirror the world. All the tendencies present in the outer world are to be found in the world of our body. If we could change ourselves, the tendencies in the world would also change. As a man changes his own nature, so does the attitude of the world change towards him." Mahatma Gandhi: Accidents: snake-bite. Indian Opinion, 9-8-1913. In: The Collected Works of Mahatma Gandhi, Volume XII, April 1913–December 1914, Accidents Snake-Bite, The Publications Division, Government of India, Ahmedabad: 1964, S. 158

17 Mahatma Gandhi: Young India 1924-1926, Triplicane, Madras: 1927, S. 1285, (26. Februar 1925)

18 Gandhi: Young India, 8. Oktober 1925. In: Gandhi: All men are brothers: autobiographical reflections. Continuum, New York: 2005, S. 89

19 The Collected Works of Mahatma Gandhi, Vol. LXXI, 12/1939-4/1940, Navajian Trust, Ahmedabad: 1978, S. 201 (11. Februar 1940)

„Neue Wege entstehen, indem wir sie gehen."

FRIEDRICH NIETZSCHE – FRANZ KAFKA

Kein deutscher Philosoph konnte so wohlgeformte lange Sätze und so prägnante kurze Sätze bilden wie der mit 34 Jahren als Universitäts- und Gymnasialprofessor für Altgriechisch in Frühpension gegangene Friedrich Nietzsche (1844–1900). Seine kurzen Sätze – wie „Gott ist tot" – sind heute weltweit bekannt, seine unglaublich schönen langen Sätze weniger. Das dümmste Zitat, das ihm untergeschoben wurde, stammt von einem Rechtsextremen, der diesem Stilisten folgende holprigen Sätze zutraut: „Wer Multikultur will, der hat keine eigene Kultur, das heißt, er hat überhaupt keine Kultur. Ihm fehlt also das, was den Menschen ausmacht. Denn Kultur ist nach Auffassung aller Philosophen, Anthropologen, Biologen der bestimmte Unterschied zwischen Mensch und Tier. Der Multikulturist muß also unter dem Menschen angeordnet werden. Er ist offensichtlich für Kultur zu dumm und für das gesunde Tier fehlt ihm der Instinkt."[1]

Dieses Pseudo-Zitat kann schon deswegen in keiner Schrift Friedrich Nietzsches gefunden werden, weil das Wort „Multikultur" erst etwa sieben Jahrzehnte nach seinem Tod aufgekommen ist. Stilistisch und gedanklich bewegt sich dieses Falschzitat auf dem schlichten Niveau von Landser-Heften.

Nietzsches Werk diente und dient Vertreter:innen sämtlicher ideologischer Richtungen als Ideenflohmarkt, in dem sie Parolen und starke Metaphern für ihre eigenen Überzeugungen entdeckten. Humanisten und Lebensberater wie Viktor E. Frankl zitierten gerne seine Einsicht: „Wer ein Warum zu leben hat, erträgt fast jedes Wie."[2] Faschisten wie Mussolini oder Nationalsozialisten wie Joseph Goebbels waren von den martialischen Schlagworten Nietzsches begeistert, der gelegentlich auch die Sklaverei empfahl.[3] Chauvinisten und Machos fanden bei ihm Parolen für ihre Frauenverachtung, Kämpferinnen gegen den Antisemitismus gefiel seine strikte

Verurteilung der antisemitischen Agitatoren in seiner Umgebung. Sozialisten wurden durch Nietzsche in ihrer Verachtung für die Bürger, die „blinzelnden letzten Menschen“[4] bestärkt, Sozialistenhasser:innen waren von seiner antisozialistischen[5] Einstellung angetan.

Während Arthur Schopenhauer schon hundert Jahre lang akademisch nahezu tot ist, kaum beforscht wird, werden die Schriften Friedrich Nietzsches an vielen Universitäten der Welt immer noch kommentiert und erklärt und die vielen Differenzierungen in der Sekundärliteratur kann kaum noch jemand überblicken. Nietzsche ist meines Wissens auch der einzige Atheist, den religiöse Menschen gerne und oft zitieren. Auch auf Youtube.

Der von schwerer Kurzsichtigkeit und Krankheiten geplagte Philosoph empfahl seinen begabtesten Leser:innen, die er die „höheren Menschen“ nannte, ein Übermensch wie Goethe zu werden, gefährlich zu leben,[6] Städte auf Vulkanen zu bauen, und tröstete jene Leser:innen, die den Aufstieg zum Übermenschen doch nicht geschafft haben, mit den Worten: „Und wenn euch Grosses missrieth, seid ihr selber darum – missrathen? Und missriethet ihr selber, missrieth darum – der Mensch? Missrieth aber der Mensch: *wohlan!* wohlauf!“[7] Martin Heidegger stöhnte in seinen letzten Lebensmonaten mehrmals: „Nietzsche hat mich kaputt gemacht.“[8] In der Sekundärliteratur ist man unsicher, wie man diesen privaten Seufzer Martin Heideggers auslegen soll.

„Wenn du zum Weibe gehst, vergiss die Peitsche nicht“ ist der weltweit vielleicht bekannteste Satz Friedrich Nietzsches und wird von frauenfeindlichen Männern, die nie ein Buch von Nietzsche gelesen haben, gerne grinsend zitiert. Dieser Satz, der etwas anders in „Also sprach Zarathustra“ steht, ist Rollenprosa, drückt also nicht die Meinung des Autors aus, sondern die einer Figur in einer Dichtung. Im konkreten Fall die einer alten Frau (einem „alten Weiblein"), die Zarathustras Gedanken über Frauen lobt und am Ende ihres Treffens dem einsamen Bergbewohner noch den Ratschlag mit auf den Weg gibt: „Du gehst zu Frauen? Vergiß die Peitsche nicht! –"[9] Der alten Frau legte Nietzsche eine Neufassung des mittelalterlichen florentinischen Sprichworts „buona femmina e mala femmina vuol bastone" (Gute Frauen und schlechte Frauen brauchen den Stock) in den Mund.

Da die Schriften des Philosophen mehrfach digitalisiert wurden und kostenlos online zu finden sind, ist es relativ einfach, mit ein bisschen Übung ein falsch zugeschriebenes oder ein entstelltes Nietzsche-Zitat zu identifizieren.

Das besonders bei Heilpraktiker:innen sowie Ärztinnen und Ärzten beliebte angebliche Nietzsche-Zitat „Neue Wege entstehen, indem wir sie gehen"[10] ist noch kaum ein Dutzend Jahre alt, aber schon weit verbreitet.

Dieses Kuckuckszitat wird immer ohne Quellenangabe aus Nietzsches Schriften zitiert und ist auch nicht in ihnen enthalten, wie man unschwer nachprüfen kann. Entstanden ist es durch einen Aphorismus, der auch häufig Franz Kafka untergeschoben wurde, aber tatsächlich von dem spanischen Dichter Antonio Machado (1875–1939) stammt. Der Band „Campos de Castilla" enthält 53 kurze Gedichte, die mit römischen Zahlen nummeriert sind, wobei unser Zitat in dem Gedicht mit der Nummer XXIX steht. Fritz Vogelsang übersetzte es mit folgenden Worten: „Wanderer, deine Spuren sind / der Weg, und sonst nichts; / Wanderer, es gibt keinen Weg, / der Weg entsteht im Gehen. / Im Gehen entsteht der Weg, / und wenn man den Blick zurückwirft, / sieht man den Pfad, den man / nie wieder betreten wird. / Wanderer, es gibt keinen Weg, / nur Kielwasser im Meer."[11]

Der italienische Komponist Luigi Nono (1924–1990) sah den Satz „Caminantes, no hay caminos, hay que caminar" (Wanderer, es gibt keine Wege, ihr müsst gehen) im Jahr 1984 als Graffito auf einer mittelalterlichen Klostermauer im spanischen Toledo,[12] schrieb ihn sich sofort auf und wählte ihn als Motto für seine letzten Werke, noch bevor ihn jemand darauf aufmerksam gemacht hat, dass der Satz von Machado stammt.

Auch in den Schriften Friedrich Nietzsches findet man Sätze über Wanderer und Wege. Zum Beispiel:

„Du gehst deinen Weg der Grösse: das muss nun dein bester Muth sein, dass es hinter dir keinen Weg mehr giebt! Du gehst deinen Weg der Grösse; hier soll dir Keiner nachschleichen! Dein Fuss selber löschte hinter dir den Weg aus, und über ihm steht geschrieben: Unmöglichkeit."[13]

Aber diese Passage aus dem dritten Teil von Nietzsches „Also sprach Zarathustra. Ein Buch für Alle und Keinen" könnte verkürzt mit den Worten „Wege verschwinden nach dem Gehen" wiedergegeben werden: Das wäre dann das Gegenteil des beliebten Zitats, das ihm fälschlich zugeschrieben wird.

→ FRIEDRICH NIETZSCHE ZITIEREN, ABER RICHTIG

***„Glattes Eis / Ein Paradeis / Für Den,
der gut zu tanzen weiss."***[14]

„Ich bin kein Mensch, ich bin Dynamit."[15]

„Alle guten Dinge haben etwas Lässiges und liegen wie Kühe auf der Wiese."[16]

ANMERKUNGEN

1 https://www.assoziations-blaster.de/blast/multikulti.17.html

2 „Hat man sein w a r u m? des Lebens, so verträgt man sich fast mit jedem w i e? — Der Mensch strebt n i c h t nach Glück; nur der Engländer thut das." Friedrich Nietzsche: Götzen-Dämmerung: Sprüche und Pfeile, § 12. In: Friedrich Nietzsche: Sämtliche Werke, Kritische Studienausgabe, Band 6, herausgegeben von Giorgio Colli und Mazzino Montinari, Walter de Gruyter, Berlin/New York; dtv München: 1980, S. 60f.

3 „Die Sklaverei soll nicht vertilgt werden, sie ist nothwendig." Friedrich Nietzsche: Nachgelassene Fragmente Frühjahr–Herbst 1881. Studienausgabe, Band 9, S. 527

4 „Wir haben das Glück erfunden" — sagen die letzten Menschen und blinzeln. Friedrich Nietzsche: Also sprach Zarathustra I: Vorrede, § 5. Studienausgabe, Band 4, S. 19

5 „Der Socialismus ist eine Folge allgemeiner Unbildung, abstrakter Erziehung, Gemüthsroheit." Friedrich Nietzsche: „Nachgelassene Fragmente". 1871, 9 [69] Studienausgabe, Band 7, S. 299

6 „Denn, glaubt es mir! — das Geheimniss, um die grösste Fruchtbarkeit und den grössten Genuss vom Dasein einzuernten, heisst: gefährlich leben! Baut eure Städte an den Vesuv! Schickt eure Schiffe in unerforschte Meere! Lebt im Kriege mit Euresgleichen und mit euch selber!" Friedrich Nietzsche: Die fröhliche Wissenschaft, § 283. in: Studienausgabe, Band 3, S. 526

7 Friedrich Nietzsche: Also sprach Zarathustra IV: Vom höheren Menschen, § 14, Studienausgabe, Band 4, S. 364

8 Wolfgang Müller-Lauter: Heidegger und Nietzsche. Nietzsche-Interpretationen III. de Gruyter, Berlin/New York: 2000

9 Friedrich Nietzsche: Also sprach Zarathustra. Ein Buch für Alle und Keinen, Teil 1, „Von alten und jungen Weiblein", Studienausgabe, Band 4, S. 86

10 Ich danke Eduard Habsburg für den Hinweis auf dieses Kuckuckszitat und Bernd-Christoph Kämper für seine umfangreichen Recherchen und Zitat-Funde.

11 Antonio Machado: Campos de Castilla – Kastilische Landschaften. Herausgegeben, übertragen und mit einem Nachwort versehen von Fritz Vogelgsang, Ammann Verlag, Zürich: 2001; „Caminante, son tus huellas el camino, y nada más; caminante, no hay camino, se hace camino al andar. Al andar se hace camino, y al volver la vista atrás se ve la senda que nunca se ha de volver a pisar. Caminante, no hay camino, sino estelas en la mar."

12 Nostalgia for the Future: Luigi Nono's Selected Writings and Interviews. Hrsg. von Angela Ida De Benedictis und Veniero Rizzardi. University of California Press, Oakland: 2018, S. 120

13 Friedrich Nietzsche: Also sprach Zarathustra III: Der Wanderer. Studienausgabe, Band 4, S. 194

14 Friedrich Nietzsche an Heinrich Köstelitz, 17. Februar 1882

15 Friedrich Nietzsche: Ecce homo: Warum ich ein Schicksal bin, § 1

16 Friedrich Nietzsche: Menschliches Allzumenschliches. Ein Buch für freie Geister. 2. Band, Vermischte Meinungen und Sprüche, § 107 „Dreiviertelskraft".

„Was wir heute tun, entscheidet darüber, wie die Welt morgen aussieht."

MARIE VON EBNER-ESCHENBACH

Dieser bei Politiker:innen fast aller Parteien[1] in Deutschland und Österreich beliebte Aphorismus dient als Motto für viele Veranstaltungen zum Thema Nachhaltigkeit. Genau ein Mal[2] wird er Mahatma Gandhi, manchmal dem russischen Autor Boris Pasternak und etwa zehnmal[3] öfter als den beiden Männern zusammen Marie von Ebner-Eschenbach zugeschrieben. Allein: Es kann nur eine richtige geben!

Je berühmter eine Person ist, desto mehr Zitate werden ihr untergeschoben. Tatsächlich ließe sich aufgrund der Menge an falschen Zuschreibungen, die eine Person auf sich vereint, ein verlässliches, alle Epochen überspannendes Berühmtheitsranking erstellen. Einstein, Konfuzius, Gandhi, Mark Twain und Bismarck wären ganz vorne, irgendwann käme Marilyn Monroe. Oder Marie von Ebner-Eschenbach, eine der bekanntesten und erfolgreichsten Schriftstellerinnen des 19. Jahrhunderts.

Ebner-Eschenbach (1830–1916) wurde im selben Jahr wie Kaiser Franz Joseph geboren und lebte genauso lange wie er. Sie entstammte einem mährischen Adelshaus und war gewiss kein Wunderkind. Aber sie hatte ein „Verlangen nach großen Thaten"[4] und schrieb Dramen, obwohl das ihrem Ehemann nicht passte. Neben ihrer Ausbildung zur Uhrmacherin – was damals für eine Frau mehr als ungewöhnlich war –, versuchte sie sich auf verschiedenen literarischen Gebieten. Der Erfolg kam spät, erst im Alter von fünfzig Jahren, dann aber mit voller Wucht. Ihre Erzählungen, Novellen, Romane spiegelten ihr soziales Denken und ihr waches politisches Bewusstsein wider und ihren Willen, die Gesellschaft humanistisch zu verbessern. Sie schrieb gegen die Unterhaltungsliteratur ihrer Zeit an und wollte etwa beweisen, dass auch Kinder aus schrecklichen Verhältnissen bewundernswerte Eigenschaften entwickeln können. Männliche Germanisten erklärten das im 20. Jahrhundert für Kitsch, Germanistinnen im 21. Jahrhundert entdecken sie als ernstzunehmende Autorin wieder. Einer ihrer größten Erfolge sollten die „Aphorismen“ von 1880 werden.

Revolutionär oder aufwieglerisch war ihre Prosa nie – auch wenn sie den Blick auf brutale pädagogische Sadismen lenkte –, dafür aber durchzogen von subtiler Gesellschaftskritik an Adel und Bürgertum. Nichts Abgründiges[5] oder Rätselhaftes findet sich in ihrem Leben, Schlagzeilen in der Klatschpresse sind nicht überliefert. Dafür bewies sie ihre moralische Klarheit etwa anlässlich der Wahl Karl Luegers zum Wiener Bürgermeister 1897, der mit antisemitischen Parolen auf Stimmenfang ging. „In meinen Augen ist Lueger ein viel schlechterer Mensch als Lucheni“ (der Mörder Kaiserin Elisabeths), schrieb Ebner-Eschenbach. Lueger habe durch die wiederholte Ehrabschneidung einen Kontrahenten „langsam, grausam, schmerzvoll getötet“ und die Wiener:innen „dumm u blind gemacht, um über sie regieren zu können“.[6] Und am 16. Mai 1899 notierte sie in ihrem Tagebuch: „Nur fort aus Wien! Fort aus dieser mit antisemitischer Krätze ergriffenen Stadt [...], die einen Schuft zum Bürgermeister und stumpfsinnige Flegel zu Schulinspektoren gewählt hat.“[7]

Nun war Ebner-Eschenbach nicht bloß eine Moralistin, sondern eine begnadete Aphoristikerin. Eine, aus deren Feder auch dieser gewichtige Satz stammen könnte: „Was wir heute tun, entscheidet darüber, wie die Welt morgen aussieht.“ Ich wurde auf Twitter gefragt,[8] ob sie tatsächlich die Urheberin dieses nicht nur im Internet weitverbreiteten Zitats sei. Nach ein paar Stunden Suche in digitalisierten Zeitungen, Büchern und Nachschlagwerken sowie einer Nachfrage bei einem Herausgeber[9] ihrer „Aphorismen“ war ich mir ziemlich sicher, ein Kuckuckszitat vor mir zu haben. Und zwar eines, das auf das Jahr 1986 datiert. Bevor Ebner-Eschenbach das Zitat untergeschoben wurde, galt der russische Dichter Boris Pasternak als Urheber. Jetzt war die Frage: Stimmt die Zuschreibung an Pasternak?

Boris Pasternak (1890–1960) wurde während des Kalten Krieges im Westen verehrt und in der Sowjetunion verteufelt. Sein einziger Roman „Doktor Schiwago" machte den Dichter nach seiner Publikation auf Italienisch 1957 weltberühmt. In Russland durfte der Roman erst dreißig Jahre später erscheinen. Um seine Familie und sich zu schützen, lehnte Pasternak 1958 den Nobelpreis ab, kurz vor seinem Tod im Mai 1960 gab er dem Magazin „This Week" ein letztes Interview, das unter dem pathetischen Titel „Boris Pasternak's Last Message To The World" veröffentlicht wurde.

Alexander Wiley, republikanischer Senator von Wisconsin, war von den letzten Worten des verfemten Dichters durchaus hingerissen. Trotz Gulags, Zensur und jahrzehntelanger kommunistischer Propaganda, so sein Fazit, gebe es selbst in diesem bösen Land noch friedliebende Menschen. Was für Wiley nur einen Schluss zuließ: das nahe Ende der Sowjetunion. Und er rezitierte sogar eine Antwort Pasternaks aus dem „This Week"-Interview im US-Senat: „Es ist üblich zu sagen, dass die Zukunft unseren ungeborenen Kindern gehört, aber Tatsache ist: Sie gehört uns. Was wir heute tun, entscheidet darüber, wie die Welt morgen aussieht. Das Morgen besteht aus der Summe der heutigen Erlebnisse. [...] Wir dürfen uns nicht hoffnungslos oder hilflos fühlen, sondern müssen jede noch so kleine Gelegenheit nutzen, um der Welt um uns herum zu Frieden, Produktivität und menschlicher Brüderlichkeit zu verhelfen."[10]

Womit ich den Ursprung des Zitats gefunden hatte. Doch wann wanderte die Zuschreibung vom russischen

Nobelpreisträger zur österreichischen Schriftstellerin? Der Stuttgarter Bibliothekar Bernd-Christoph Kämper entdeckte „Patient Null" in einem 1984 publizierten ewigen Kalender: Eintrag am 12. Juli.[11] Bei meiner chronologischen Suche tauchte sie am 20. Februar 1986 in der „Schweizerischen Lehrerzeitung" sowie in einer Reportage in der Zeitschrift „Obst und Garten", Ausgabe 2/86, über eine Veranstaltung des Obst- und Gartenvereins im deutschen Biberach auf.

Diese drei vereinzelten Zuschreibungen aus den 1980ern konnten Pasternak lange nichts anhaben, erst im Jahr 2000 wird Marie von Ebner-Eschenbach zum ersten Mal seit 1984 wieder als fälschliche Urheberin ausgewiesen. Von da an jedoch wurde das Zitat immer öfter der Österreicherin untergeschoben und verdrängte Boris Pasternak nahezu vollständig.

→ MARIE VON EBNER-ESCHENBACH ZITIEREN, ABER RICHTIG

„Eine gescheite Frau hat Millionen geborener Feinde: – alle dummen Männer."[12]

„Die glücklichen Sklaven sind die erbittertsten Feinde der Freiheit."[13]

„Der Gescheitere gibt nach! Ein unsterbliches Wort. Es begründet die Weltherrschaft der Dummheit."[14]

ANMERKUNGEN

1 Zum Beispiel der frühere niederösterreichische Landeshauptmann Erwin Pröll am Beginn seiner Regierungserklärung 2003, OTS0159, 24. April 2003

2 Bernd Westphal (SPD), 162. Sitzung des Deutschen Bundestages, WP 19, vom 27.05.2020.

3 Eine Google-Suche ergab am 19. Mai 2023 1.550 „results" für Pasternak und 11.400 „results" für Ebner-Eschenbach plus „wie die Welt morgen aussieht." Diese Google-Ergebnis-Zahlen ändern sich oft, sind nicht genau.

4 Daniela Strigl: Jenseits von Krambambuli. Volltext, 23. Juli 2015

5 Ich übernehme da eine Einschätzung von Ebner-Eschenbachs Biografin Daniela Strigl.

6 Daniela Strigl: Berühmt sein ist nichts. Marie von Ebner-Eschenbach – Eine Biographie. Residenz Verlag, Salzburg/Wien: 2018 (E-Book)

7 Ebd.

8 Ich danke Sylvia Steinitz für die Frage.

9 Bernd-Christoph Kämper

10 Jhan Robbins: Boris Pasternak's Last Message To The World. This Week, 7. August 1960, S. 4, zitiert nach Hon Alexander Wiley: Boris Pasternak's Last Message to the World. The Senate of the United States, 8. August 1960, Congressional Record: Senate, US Government printing office, Washington: 1960, S. 16002f.

11 Wurzeln die uns tragen. Für jeden Tag ein gutes Wort. Ein immerwährender Kalender, herausgegeben von Barbara und Hans Hug. Kreuz Verlag, Stuttgart: 1984; 2004 (Lizenzausgabe bei Weltbild). Der Kalender hatte schon 1994 eine Auflage von 190.000 Stück.

12 Marie von Ebner-Eschenbach: Gesammelte Aphorismen. Herausgegeben von Michael Wollmann und Bernd-Christoph Kämper. Lulu: 2023, S. 21

13 Ebd., S. 59

14 Ebd., S. 7

„Mailand oder Madrid – Hauptsache Italien.“

?

ANDREAS MÖLLER

Ich bekomme fast täglich Anfragen oder Hinweise zu Zitaten, per E-Mail auf Twitter oder telefonisch, sogar aus Finnland und Irland haben sich schon Journalist:innen für meine Forschungen interessiert und darüber Artikel geschrieben, was mich natürlich freut.

Einmal hat mich der Autor und Sportjournalist Uli Hesse angerufen, dessen Buch über Borussia Dortmund sogar in England überschwänglich gelobt und ausgezeichnet wurde.

Hesse war dabei, für die Fußballzeitschrift „11 Freunde" einen Artikel[1] über falsche Fußballer-Zitate zu schreiben und wollte wissen, wie ich diese Art von Recherchen angehe und ob meiner Meinung nach Fußballern mehr falsche Zitate untergeschoben werden als anderen Prominenten. Ich glaube nicht, dass Fußballer:innen öfter Opfer von Falschzitaten sind als zum Beispiel Politiker:innen. Auffällig ist nur, dass den Sportlern keine Lebensweisheiten oder Wohlfühlzitate untergeschoben werden, sondern ausschließlich gute, blöde und absurde Witze, die sie nicht als übermäßig klug erscheinen lassen. So wurde der auch für seinen Wortwitz geliebte Kölner Kicker Lukas Podolski – „So ist Fußball, manchmal gewinnt der Bessere!" – auch für seinen Spruch „Fußball ist wie Schach – nur ohne Würfel" gefeiert, aber diesen Spruch hat ihm Jan Böhmermann in einer boshaften Satire während der Heim-Weltmeisterschaft 2006 angedichtet.[2]

Auch der deutsche Weltklasse-Spieler Andreas Möller wird einen dummen Witz nicht mehr los, den er nie gesagt hat und der dennoch in keiner Sammlung der besten Fußballersprüche fehlt. Diese sind alle ähnlich und zu ihren Highlights gehören:

1. **George Best: „Ich habe viel von meinem Geld für Alkohol, Frauen und schnelle Autos ausgegeben ... Den Rest habe ich einfach verprasst."**
2. **Thomas Häßler: „Ich bin körperlich und physisch topfit."**
3. **Hans Krankl: „Wir müssen gewinnen, alles andere ist primär."**
4. **Bruno Labbadia: „Das wird alles von den Medien hochsterilisiert."**
5. **Jürgen Wegmann: „Zuerst hatten wir kein Glück, und dann kam auch noch Pech dazu."**
6. **Andreas Möller: „Ich hatte vom Feeling her ein gutes Gefühl."**
7. **Andreas Möller: „Mailand oder Madrid - Hauptsache Italien!"**[3]

Dass er seinen berühmtesten Satz - „Ich hatte vom Feeling her ein gutes Gefühl" - einmal wirklich gesagt hat, hat Möller in einem Interview mit der „Süddeutschen Zeitung" bestätigt: „Gut, das gebe ich zu, das habe ich gesagt. Das ist mir mal rausgerutscht, das kann passieren, oder? Aber der Spruch ‚Mailand oder Madrid - Hauptsache Italien', den hat man mir reingesungen."[4]

Angeblicher Anlass war der Wechsel des 85-fachen DFB-Spielers von Eintracht Frankfurt nach Italien im Jahr 1992. Doch nicht weniger als sechs Jahre sollten verstreichen, bis Möller, der weder in Madrid noch in Mailand, sondern bei Juventus Turin landete, der legendäre Sager das erste Mal zugeschrieben wurde. Und zwar anscheinend in einem Fanzine für Punkrock und „andere alternative Musik" aus Essen. Ein Akt fröhlicher Anarchie, der ausgerechnet vom „Deutschen Ärzteblatt" übernommen wurde und sich danach in der Welt verbreitet hat.[5] Hätte Andreas Möller den Spruch 1992 wirklich gesagt, müssten wir nicht nur das angebliche

Interview finden, sondern auch erklären, warum die sorgfältigsten Fußballsprüchesammler:innen[6] diesen Sensationssager jahrelang ignoriert haben.[7]

ANMERKUNGEN

1 Uli Hesse: Vom Feeling her ein ungutes Gefühl - ... Ein Streifzug durch die Halbwelt der Kuckuckszitate. 11 Freunde, Nr. 224, Juli 2020, S. 34–36

2 Lars Wallrodt: Podolskis bester Spruch ist gar nicht von ihm. Die Welt, 21. März 2003

3 Sprüche von Fußballspielern: „Von den Medien hochsterilisiert". Deutsches Ärzteblatt 44/95, 30. Oktober 1998, S. [56]

4 SZ Magazin 2001, zitiert nach Uli Hesse, 11 Freunde, S. 35

5 Moloko Plus, Nr. 11, Sept. '98, S. 72; Deutsches Ärzteblatt, 30. Oktober 1998, S. 56; Darmstädter Echo, 8. April 1999; Rhein-Main-Zeitung, 1. Juli 1999; Klaus Bittermann (Hg.): Vom Feeling her ein gutes Gefühl. Rhetorische Spitzenleistungen in der Welt des Fußballs oder Fußballdeutsch für fortgeschrittene Ausländer. Tiamat, Berlin: 1999

6 Fußballersprüche-Sammlungen noch ohne „Madrid-Zitat" (laut Uli Hesse): Klaus Hansens (Hg.): Verkaufte Faszination – 30 Jahre Bundesliga. Klartext Verlag, Essen: 1993; Frank Langefeld: Verlieren ist wie gewinnen. Nur umgekehrt. Freiwillige und unfreiwillige Weisheiten aus der Welt des Sports. Verlag Die Werkstadt, Göttingen: 1999

7 Ich übernehme hier – mit Dank – das Argument von Uli Hesse.

„Ich freue mich, wenn es regnet, denn wenn ich mich nicht freue, regnet es auch.“

KARL VALENTIN

Das anarchische Genie des Kabarettisten und Komikers Karl Valentin ließen den bayerischen Sprachkünstler und Wortvirtuosen zu einer Institution werden. Semmelnknödeln oder Semmelknödel? Das ist nur eine Frage, die Valentin (1882–1948) und seine kongeniale Partnerin Liesl Karlstadt auf der Bühne möglichst kunstvoll unbeantwortet ließen. Eine Perle des Alltags-Dadaismus, über die sich bis heute trefflich streiten lässt. Wie auch über das obige Zitat.

Als ich gefragt wurde, ob es tatsächlich von Karl Valentin stamme, förderte eine erste Recherche zutage, dass es ihm erst vor 14 Jahren zum ersten Mal zugeschrieben wurde. Es gab also Grund zur Skepsis, ich wusste aber auch, dass es schwierig sein würde, diese umfassend zu begründen.

Ich hatte schon einmal ein Valentin-Zitat unter Beobachtung, ein typisches Fabulier-Ungetüm, das während der Corona-Pandemie viral ging: „Über kurz oder lang kann das nimmer länger so weitergehen, außer es dauert noch länger, dann kann man nur sagen, es braucht halt alles seine Zeit, und Zeit wär's, dass es bald anders wird." Die Suche nach einer Quelle war lange vergeblich, auch Kolleg:innen vermochten nicht zu helfen. Erst der deutsche Journalist Uli Bachmeier konnte einen Monolog[1] aus dem Jahr 1946 als Ursprung identifizieren.

Ganz generell ist die Forschung bei dem meines Wissens nicht vollständig digitalisierten Werk Karl Valentins schwierig. Seine Karriere währte samt vieler Höhen und Tiefen über dreißig Jahre. Es gibt mit Bühnenstücken, Hörspielen, teils verschollenen Kurzfilmen (den berühmten Valentinaden) sowie Spielfilmen eine Vielzahl an Quellen, manch geflügeltes Wort klingt zwar nach Valentin, ist aber hiesige Folklore. Ganz zweifellos gehörte der Sprachakrobat zu den Großen des 20. Jahrhunderts, die wie Buster Keaton oder Charlie Chaplin unvergessliche Figuren geschaffen haben. Er wurde sowohl von Bertolt Brecht als auch von Papst Benedikt XVI. bewundert, aber er hatte kein glückliches Leben.

Ironie der Geschichte, dass der spätere Wortdrechsler als Tischler anfing. Vor Ausbruch des Ersten Weltkriegs hob seine Karriere ab, doch so erfolgreich Valentin in der Weimarer Republik war, so wenig Erfolg hatte er als Unternehmer. Die nicht nur berufliche Beziehung zu Liesl Karlstadt war mehr als schwierig, nicht zuletzt, nachdem er ihre und seine Ersparnisse für sein groteskes Wachsfigurenkabinett, das „Valentin Panoptikum", das 1934 nach einem Jahr wieder zusperren musste, verjuxt hatte. Während der Nazizeit kaltgestellt, war er nach 1944 beim großen Publikum abgemeldet, 1948 verstarb Valentin völlig verarmt. Erst Anfang der 1960er-Jahre setzte die große Renaissance ein und mit ihr kamen wieder unzählige Bonmots und Zitate zum Vorschein, darunter Klassiker wie „Alle reden vom Wetter, aber keiner unternimmt was dagegen" oder „Gesegnet seien jene, die nichts zu sagen haben und trotzdem den Mund halten". Allesamt nachweislich Kuckuckszitate übrigens.

Doch nun zu unserem spät entdeckten „Ich freue mich, wenn es regnet, denn wenn ich mich nicht freue, regnet es auch", das ihm anscheinend erst sechzig Jahre nach seinem Tod erstmals zugeschrieben wurde. Warum erst so spät?

Heute wird dieser Satz zur Reihe seiner unsterblichen Aussprüche[2] gezählt, obwohl ihn noch niemand in einem seiner Werke oder in einem Erinnerungsbuch eines Zeitgenossen nachweisen konnte, wie mir auch der Regensburger Universitätsprofessor Hans Rott, der lange nach einem Beleg für das Zitat gesucht hatte, bestätigte. Manchmal wird Valentin der Spruch auch in der Variante „Freu dich, wenn's regnet; wenn du dich nicht freust, regnet es auch" untergeschoben.

Mit Valentin verbunden wurde der Spruch das erste Mal im Jahr 2008 in einem Interview in der „Süddeutschen Zeitung", und zwar aus dem Mund eines Mannes, der nach einer Krebs-Diagnose nicht wusste, wie lange er noch leben würde: „Ich bin schwer krank und könnte in absehbarer Zeit der Katz gehören. Aber ich habe vor, diesen Kampf zu gewinnen – ob ich darauf Lust habe oder nicht. Ich halte es wie Karl Valentin: Ich freue mich, wenn es regnet. Denn wenn ich mich nicht freue, regnet es auch."[3]

Mit letzter Gewissheit lässt sich nicht feststellen, ob dieser Mann wirklich der Erste war, der diesen Spruch Valentin zugeschrieben hat, oder ob er ihn irgendwo gehört hatte. Auch falsch zugeschriebene Witze können trösten und einem das Leben erleichtern. Wohl auch deswegen hat sich dieses Zitat im folgenden Jahrzehnt so schnell und weit verbreitet. Der Spruch an sich war mindestens zwei Jahrzehnte davor in Umlauf, und das in mehreren Variationen.

2001, also sieben Jahre vor der Zuschreibung an Valentin, taucht er in einem deutschen Regionalblatt auf, konkret in einem Gespräch mit dem deutschen Dechant Rudolf Halffmann, der folgenden Dialog wiedergibt: „‚Ich freue mich, wenn es regnet', pflegte ein Bauer zu sagen. Wenn die Kinder ihn entsetzt fragten: ‚Vater, es hat schon so lange geregnet, und wir brauchen doch Sonne, wie kannst du dich freuen, wenn es regnet?', dann erklärte er: ‚Kinder, es regnet, ob ich mich freue oder ob ich mich nicht freue. Dann ist es doch besser, dass ich mich freue, wenn es regnet.' Das klingt zunächst skurril. Nicht nur die Kinder schütteln den Kopf. Sieht man aber näher zu, erkennt man die Lebensweisheit, die Lebenskunst."[4]

1993 erklärte der Altphilologe und Kulturhistoriker Werner Ekschmitt in seinem populärwissenschaftlichen Buch zu apokrypher Literatur,[5] wie viel eleganter der römische

Philosoph und Dramatiker Seneca das Sprichwort „Was du tun musst, das tue gern!" formuliert habe: „Ducunt fata volentem, nolentem trahunt."[6] „Den Willigen führt das Schicksal, den Sträubenden schleift es, (zum vorbestimmten Ziel)." Der Autor meinte, für diese gesunde Schicksalsergebenheit gäbe es ein humoristisches deutsches Sprichwort: „Ich freue mich immer, wenn's regnet, denn wenn ich mich nicht freue, regnet es auch." In den großen deutschen Sprichwörterbüchern des 19. Jahrhunderts ist es allerdings nicht verzeichnet.

Neben diesem Spruch werden Karl Valentin besonders gerne Nonsense-Witze wie „Prognosen sind schwierig, besonders wenn sie die Zukunft betreffen" untergeschoben. Eine Weissagung, die in Dänemark entstanden ist und Mark Twain, Nostradamus sowie einigen anderen fälschlich zugeschrieben wird. Nur ein Beispiel dafür, wie anonyme Sprichwörter und Witze sich über Generationen hinweg verbreiten, bis sie irgendwann mit dem Namen einer Berühmtheit geadelt werden. Wie im Fall dieses bayerischen Wahrzeichens.

→ KARL VALENTIN ZITIEREN, ABER RICHTIG

„Mögen hätt' ich schon wollen, aber dürfen hab ich mich nicht getraut!"[7]

„Ich wollte dich halt nicht komprimieren!"[8]

ANMERKUNGEN

1 Karl Valentin: Gegenwart (1946). In: Karl Valentin: Sämtlichen Werke in 9 Bänden. Herausgegeben von Helmut Bachmaier und Dieter Wöhrle. Originalausgabe 1992, Sonderausgabe Piper Verlag, München: 2007, Band 1, Monologe und Soloszenen, S. 162–164; hier S. 162

2 Redaktion FAZ/dpa: „Karl Valentins Todestag. Seine Sprüche sind auch 74 Jahre später noch höchst aktuell". FAZ, 9. Februar 2023

3 Niels Kugler, Interview: Süddeutsche Zeitung Magazin, Heft 4/2008, 24. Januar 2008

4 Dechant Rudolf Halffmann, Wittlich: Mit der Heiterkeit des Herzens. Trierischer Volksfreund vom 19. Mai 2001, Ressort: Mosel-Zeitung (genios.de)

5 Werner Ekschmitt: Ugarit - Qumran - Nag Hammadi. Die großen Schriftfunde zur Bibel. Verlag Philipp von Zabern, Mainz am Rhein: 1993, S. 257

6 Seneca: Epistulae morales ad Lucilium 107, 11

7 Karl Valentin: Die Raubritter vor München. dtv, München: 1964, „Das Oktoberfest", S. 76

8 Ebd.

„Wer Visionen hat, sollte zum Arzt gehen."

HELMUT SCHMIDT

Der Mann war zweifellos eine bundesdeutsche Institution: kompromisslos hanseatisch, direkt in der Analyse, pragmatisch in seinen Entscheidungen, um keine messerscharfe Pointe verlegen, wenn es darum ging, den politischen Gegner kielzuholen.

Als SPD-Kanzler führte Helmut Schmidt (1918–2015) das Land durch den Terror des „Deutschen Herbstes" und wurde 1982 nach einem Misstrauensvotum unrühmlich aus dem Amt bugsiert. Danach begann seine zweite Karriere, als Herausgeber der Wochenzeitung „Die Zeit" und in seinen letzten Lebensjahren als gefragter Elder Statesman. Während andere bloß wolkige Worte zu bieten hatten, vermochte hier ein ehrwürdiges, in die Schwaden unzähliger Menthol-Zigaretten eingehülltes Denkmal seiner selbst, Weltpolitik in ein paar Sätzen zu fassen. 2004 war Schmidt laut einer Umfrage Deutschlands beliebtester Politiker.

Den Ruf, ein Macher zu sein, erlangte er als Hamburger Senator im Februar 1962, als er nach einer verheerenden Sturmflut die Rettungsmaßnahmen koordinierte. Schmidt wurde damals deshalb so populär, weil er entschlossen und geistesgegenwärtig die Rolle des Einsatzleiters an sich gezogen hatte – und das, ohne zuvor, wie er angeblich sagte, im Grundgesetz nachgeblättert zu haben, ob er das auch dürfe.

Seine parlamentarische Schlagfertigkeit während seiner Zeit als Abgeordneter im Bonner Bundestag trug ihm den Rufnamen „Schmidt Schnauze" ein, überliefert sind zahlreiche Zitate, doch eines gilt als der wohl typische Schmidt-Sager schlechthin: „Wer Visionen hat, sollte zum Arzt gehen."[1] Ein Satz, der mit dem knorrigen Hamburger mittlerweile so selbstverständlich verbunden wird wie die Formel „Oh, the vision thing" mit dem US-amerikanischen Präsidenten George H. W. Bush. Mit diesem Aufseufzer quittierte der ältere

Bush einst den Rat eines Freundes, er solle doch endlich über die Grundsätze seiner zukünftigen Innen- und Außenpolitik nachdenken.

Während in diesem Fall die Urheberschaft genau bekannt[2] ist, ist die Sache bei Schmidt nicht so einfach. Gegenüber seinem SPD-Parteikollegen Olaf Scholz stritt er einst ab, das Bonmot geprägt zu haben.[3] Doch 2009 bestätigte er bei einer Veranstaltung die Urheberschaft.[4] Und ein Jahr darauf meinte Schmidt in einem Gespräch mit „Zeit"-Chefredakteur Giovanni di Lorenzo, er habe den Scherz vor über 34 Jahren wahrscheinlich in einem Interview als Antwort auf eine dusselige Frage gemacht: „Diesen Satz habe ich ein einziges Mal gesagt, er ist aber tausendfach zitiert worden. Einmal hätte genügt."[5]

Widersprüche ohne Ende also. Und damit von Deutschland nach Österreich, genauer zu einem anderen Genossen: Franz Vranitzky, dem Ex-Kanzler und Ex-SPÖ-Vorsitzenden. Ihm wurde der Visionen-Spruch bereits vor Schmidt nachgesagt, nämlich seit Mai 1988. Damals stand Vranitzky beim Bundesparteitag der SPÖ vor der Wahl zum Bundesparteivorsitzenden. Zwischen ihm und dem Genossen – und späteren Bundespräsidenten – Heinz Fischer soll sich ein Gespräch entsponnen haben, das kurz darauf von den Journalisten Hubertus Czernin und Christoph Kotanko im Wochenmagazin „Profil" zu Papier gebracht wurde: „In den Parteitagspausen machte indes unter Delegierten ein angeblicher Dialog zwischen Heinz Fischer und dem SP-Lenker die Runde. Fischer (lebhaft): ‚Die SPÖ braucht Visionen.' Vranitzky (kühl): ‚Wer Visionen hat, braucht an Arzt.'"[6] Damit war das – angebliche – Vranitzky-Zitat in der Welt.

Nur ein halbes Jahr später hatte es gar einen Auftritt auf der Bühne des Burgtheaters, als Zitat des Professor Liebig in

Thomas Bernhards Stück „Heldenplatz“:[7] „Wer Visionen hat, braucht einen Arzt, hat der Bundeskanzler gesagt.“

Im Jahr 1999 beklagte Vranitzky in einem Offenen Brief[8] mit erkennbar amüsiertem Unterton, wie lange und vor allem vergeblich er schon gegen die falsche Zuschreibung ankämpfe. Und er wies darauf hin, dass Helmut Schmidt mittlerweile auch als möglicher Urheber gelte. Womöglich, so Vranitzkys ironisches Fazit, müsse er sich in Zukunft gegen den Vorwurf wehren, er habe Schmidt plagiiert.

Österreich war 1999 offensichtlich ein sorgenfreies Land. Denn nun hob eine Zeitungsdebatte über den Ursprung des Zitats an. Der Wiener Philosoph Rudolf Burger machte Ansprüche geltend. Er habe am 27. August 1986 im Wiener Café Landtmann einer Kollegin, die sich von ihm eine politische Vision für die Zukunft des Landes gewünscht hatte, geantwortet: „Wenn sie eine Analyse wolle, so würde ich mich umsonst bemühen, wenn ich aber Visionen hätte, so ginge ich zum Arzt.“[9] Und dieser Kaffeehauswitz habe, so Burger, danach in der Wiener Sozialdemokratie die Runde gemacht. Die verursachenden Redakteure Czernin und Kotanko jedenfalls beharrten in der Zitate-Zeitungsdebatte auf ihrem Standpunkt: Ihren gründlichen Recherchen zufolge sei dieser Satz so gefallen, auch wenn Vranitzky das schon bei der nächsten Pressekonferenz abgestritten habe.[10]

Doch was sagen die Quellen, die digitalisierten Texte, Dokumente, Bücher und Zeitungen? Es deutet alles darauf hin, dass der Scherz 1988 in Wien entstanden ist. Danach wurde er Franz Vranitzky zugeschrieben, so auch in deutschen Medien, etwa in einem „Spiegel“-Gespräch mit CDU-Arbeitsminister Norbert Blüm im August 1991: „SPIEGEL: Der österreichische Bundeskanzler Franz Vranitzky hat mal gesagt, wer Visionen hat, soll zum Arzt gehen. Blüm:

Vielleicht müßte der behandelt werden, der auf Visionen verzichtet. Ich habe schon einmal gehört, daß Menschen, die keine Träume haben, behandlungsbedürftig sind. Doch ich bin kein Psychotherapeut.“[11]

Helmut Schmidt taucht als Urheber zum ersten Mal 1994[12] in einem Medium auf. Später auch verbunden mit der Behauptung, er habe das Zitat um 1980[13] im „Spiegel“ getätigt. Doch dafür gibt es keine Belege, was auch die Nachforschungen meiner Kolleg:innen im Helmut-Schmidt-Archiv und im Archiv der sozialen Demokratie der Friedrich-Ebert-Stiftung[14] bestätigten.

Hätte also Schmidt den Satz tatsächlich um 1980 gesagt, müsste er acht Jahre lang nur mündlich weitererzählt worden sein, bis er im Jahr 1988 in Wien erstmalig im Druck erschien. Was unwahrscheinlich ist. Nach mehrjährigen Recherchen, auch von kompetenten Kolleg:innen, komme ich zum Schluss: Das Visionen-Bonmot ist in Wien entstanden.

Zu Helmut Schmidt habe ich folgende These: Wenn ein Mann nach seinem 75. Geburtstag Hunderte Male liest, er habe einmal einen wirklich guten Witz gemacht, streitet er es anfangs zwar jahrelang wahrheitsgemäß ab, glaubt aber mit neunzig endlich selbst, dass jener Witz, den alle Welt für seinen besten hält, wirklich von ihm stammen könnte. Helmut Schmidt wurde der Visionen-Witz erfolgreich untergeschoben.

→ HELMUT SCHMIDT ZITIEREN, ABER RICHTIG

„Der Rechtsstaat hat nicht zu siegen, er hat auch nicht zu verlieren, sondern er hat zu existieren!“[15]

„Das Schneckentempo ist das normale Tempo jeder Demokratie.“[16]

ANMERKUNGEN

1 Der Spruch steht so auch in allen Helmut-Schmidt-Biografien der letzten 24 Jahre, die ich auf Google Books durchsucht habe.

2 Time Magazine, 26. Januar 1987

3 Olaf Scholz: Gespräch mit „Welt"-Chefredakteur Jan Philipp Burgard: „Helmut Schmidt hat im Gespräch mit mir zurückgewiesen, das je gesagt zu haben, aber das kann ich nicht aufklären." dts Nachrichtenagentur, 8. Dezember 2021: „Scholz sieht sich in einer Reihe mit Brandt, Schmidt und Schröder."

4 Ein Jahr davor bekannte sich Helmut Schmidt das erste Mal zu dem Zitat. In: Helmut Schmidts Antwort auf eine Anfrage von Anna Carla Kugelmeier, St.-Ursula-Gymnasium Attendorn, 26. Februar 2009: Helmut Schmidt: „(1) Das Zitat geht auf mich zurück. Ich habe es damals aber nicht mit Blick auf Willy Brandt formuliert. (2) Ich erinnere mich nicht mehr an den Kontext, in dem ich mich über Visionen geäußert habe. Das Zitat wurde bestimmt des Öfteren aus dem Zusammenhang gerissen zitiert. (3) Das Zitat gilt auch heute, es bezieht sich damals wie heute auf Politiker."

5 Giovanni di Lorenzo: Fragen an Helmut Schmidt: Verstehen Sie das, Herr Schmidt? Aus der Serie: Fragen an den Altkanzler, ZEITmagazin, 4. März 2010

6 Christoph Kotanko, Hubertus Czernin, Profil, Band 19, Ausgaben 18–30, 1988, S. 20

7 Thomas Bernhards Drama „Heldenplatz" wurde am 4. November 1988 uraufgeführt.

8 „Variationen über ‚Visionen'". Offener Brief von Ex-Kanzler Franz Vranitzky an Robert Menasse. Der Standard, 17. September 1999

9 Rudolf Burger: „Visionen aus dem Kaffeesud". Der Standard, 22. September 1999

10 Hubertus Czernin: „Die Geschichte vom Kanzler, den Visionen und dem Arzt". Der Standard, 23. September 1999

11 Der Spiegel 32/1991, 5. August 1991, Spiegel-Gespräch mit Norbert Blüm: „Ich mache keinen Pfusch" von K. Wirtgen und W. Didzoleit

12 Erste Zuschreibung an Helmut Schmidt: Guenter Matthes in Der Tagesspiegel, Nr. 15036 vom 18. September 1994: Helmut Schmidt hat einmal gescherzt: „Wer Visionen hat, muss zum Arzt!"

13 Am 9. Januar 2019: helmut-schmidt.de/helmut-schmidt/zitatesammlung/; 2023 nicht mehr online.

14 Besonders dankbar bin ich dem Historiker Sven Haarmann, der sich die Mühe gemacht hat, im Archiv der sozialen Demokratie der Friedrich-Ebert-Stiftung die erste Zuschreibung des Zitats an Helmut Schmidt vor den Jahren 1994 und 1988 zu suchen.

15 Die Zeit, 30. August 2007

16 Die Zeit, 19. Oktober 2003

„Die Mentalität der Österreicher ist wie ein Punschkrapfen: außen rot, innen braun und immer ein bisschen betrunken."

THOMAS BERNHARD

Ein Punschkrapfen (oder Punschkrapferl) ist ein kleiner rosa Kuchen in Würfelform, der als „Klassiker" der österreichischen Backtradition bezeichnet wird: Er besteht aus einem mit Rum oder Punsch getränkten Biskuitteig mit Schichten aus Marmelade und Schokolade. Der Würfel ist mit einer süßen rosa Glasur überzogen. Von außen lässt sich nicht erkennen, ob für das Biskuit auch alte Kuchenreste verwendet wurden, was durchaus übliche Praxis war. Aber nicht nur das macht den Punschkrapfen interessant.

Erstmals auffällig wurde die Süßspeise abseits von Konditoreien und Kaffeehäusern in einem Witz, der vermutlich in den 1970er-Jahren in Kärnten entstand. In diesem dient der Punschkrapfen als Metapher für die erstaunliche ideologische Flexibilität der Kärntnerinnen und Kärntner. Um ihn zu verstehen, sollte man wissen, dass sich in keinem anderen Bundesland vor 1945 so viele für den Nationalsozialismus begeisterten – um nach dem Zusammenbruch des Regimes mehrheitlich und jahrzehntelang sozialdemokratisch zu wählen.[1]

Und damit zum Witz an sich: „Was ist Kärnten? Antwort: Ein Punschkrapferl, außen rosa, innen braun und immer unter Alkohol." Oder aber auch: „Was unterscheidet einen Kärntner von einem Punschkrapfen? Nichts! Beide sind außen rosa, innen braun und immer ein bisserl angesoffen."[2] Es gibt noch weitere Varianten, gewiss ist bloß, dass der Urheber unbekannt ist.[3]

Sozialdemokrat:innen wurden übrigens schon in der Weimarer Republik[4] mit einem ähnlichen Farbenwitz verspottet. Sie seien Radieschen, außen rot und innen weiß, außen revolutionär, innen bürgerlich und monarchistisch.[5] Kurt Tucholsky hat diesen Radieschen-Witz in sein Gedicht „Feldfrüchte"[6] aufgenommen.

Der Psychiater Erwin Ringel (1921–1994), bekannt für seinen Bestseller „Die österreichische Seele", erwähnte den Punschkrapfen-Vergleich 1985[7] in einer Rede zur Kärntner Seele. Jenem Jahr, in dem der politische Aufstieg des Kärntner FPÖ-Politikers Jörg Haider begann.

Ringel sagte in dieser Rede, vor 1945 waren „in fast allen Bundesländern 14 Prozent der Bevölkerung nationalsozialistisch organisiert, in Kärnten aber 38 Prozent! Kann man dazu sagen: Ach was, vergangen ist vergangen? Wie sieht denn die Lage heute aus? Ein lieber Freund hat dazu folgende Bemerkung gemacht: Sie kennen wahrscheinlich diesen ‚Scherz' oder dieses traurige Bonmot: Ich wiederhole es trotzdem: ‚Was ist Kärnten? Antwort: Ein Punschkrapferl, außen rosa, innen braun und immer unter Alkohol.' In dieser extremen Formulierung stimmt natürlich auch diese Aussage nicht."[8]

Ein Jahr nach dieser Rede wurde Kurt Waldheim zum Bundespräsidenten gewählt und ganz Österreich musste sich zum ersten Mal ernsthaft mit seiner Vergangenheit unter nationalsozialistischer Herrschaft auseinandersetzen.

1992 machte der Punschkrapfen auch außerhalb der Kärntner Landesgrenzen Karriere. Der Schriftsteller Robert Menasse schlug den Punschkrapfen als neues österreichisches „Symbol für die Zweite Republik" vor: „Er ist außen rosa, innen braun."[9] In den folgenden Jahren tauchte die gar nicht so süße Zuschreibung in weiteren Varianten auf: 2006, zum Beispiel: „PUNSCHKRAPFERLN ‚Außen blaßrot, innen braun und immer besoffen.' Die aus Biskuit und rumgetränkten Backwerkresten hergestellte, mit Zuckerglasurmasse überzogene Süßspeise gilt als Synonym für das typische SPÖ-Stimmvieh in Kärnten und der Steiermark."[10] Oder 2007: „Mit der fetten rosa Köstlichkeit wird gerne das Wesen des Österreichers beschrieben: ‚Außen rot, innen braun und immer etwas angsoffen.'"[11] Nun könnte man meinen, seit Österreich nicht mehr Rot regiert wird, würde der Witz nicht mehr funktionieren. Doch das Gegenteil stimmt.

Auftritt Thomas Bernhard, den von einer Hassliebe zu Österreich getriebenen Weltautor (1931–1989), der Professor Robert in dem Stück „Heldenplatz" sagen lässt. „Österreich selbst ist nichts als eine Bühne / auf der alles verlottert und vermodert und verkommen ist / eine in sich selber verhasste Statisterie / von sechseinhalb Millionen Alleingelassenen / sechseinhalb Millionen Debile und Tobsüchtige / die ununterbrochen aus vollem Hals nach einem Regisseur schreien / Der Regisseur wird kommen / und sie endgültig in den Abgrund hinunterstoßen." Thomas Bernhard war einer, der in seinem Werk vor nichts und niemandem Halt machte, um seiner Heimat die braunen Flecke nachzuweisen. Sein Werk kann auch als Rache verstanden werden an allen, die ihn während seiner Salzburger Kindheit gekränkt und misshandelt haben. Thomas Bernhard begann seine schriftstellerische Karriere als Lyriker, zuerst durchaus in der Tradition seines Großvaters, des gescheiterten Heimatautors Johannes Freumbichlers. Der Titel seines 1957 erschienenen Gedichtbandes „Auf der Erde und in der Hölle" verweist allerdings schon auf den Inhalt seiner späteren Dramen und Erzählungen. Die Hölle, das sind bei Bernhard nicht die anderen, sondern das sind wir, die Österreicherinnen und Österreicher, inklusive ihm.

Nicht zuletzt war der Dichter ein leidenschaftlicher Kaffeehaussitzer. Kein Wunder also, dass so einer in die Nähe der bitterbösen Süßspeise gerückt wird: In den Jahren 2007/2008 war es dann so weit: Nach ersten falschen Zuschreibungen in einem Internetforum,[12] auf Twitter[13] und im Satire-Magazin „Titanic"[14] wurde das Punschkrapferl mit Thomas Bernhard immer öfter in Verbindung gebracht. 2011 schließlich nobilitierte gewissermaßen der Autor einer österreichischen Tageszeitung den ehemaligen Kärnten-Witz: „Der große österreichische Schriftsteller Thomas Bernhard hatte bekanntlich nur wenig für seine eigene Heimat übrig. Unzählige literarische und verbale Angriffe auf Österreich sind überliefert. Sein berühmtestes Zitat nimmt sich dem Nationalismus seiner Landsleute an. ‚Die Mentalität der Österreicher ist wie ein Punschkrapfen: Außen rot, innen braun und immer ein bisschen betrunken.'"[15]

Mittlerweile scheint also der Kärntner Witz als Falschzitat eine stabile Form und einen würdigen Autor gefunden zu haben. Im gesamten deutschen Sprachraum wird es in diesem Wortlaut in Zeitungen, Büchern und in den sozialen Medien[16] dem Übertreibungsvirtuosen Thomas Bernhard zugeschrieben. In seinen Schriften bleibt das Zitat dennoch unauffindbar.[17]

→ THOMAS BERNHARD ZITIEREN, ABER RICHTIG, UND ZWAR AUS „HELDENPLATZ"

„In jedem Wiener steckt ein Massenmörder / aber man darf sich die Laune nicht verderben lassen."[18] (Professor Robert Schuster)

„Dass ich Österreicher bin / ist mein größtes Unglück."[19] (Professor Josef Schuster laut Frau Zittel)

„In Österreich musst du entweder katholisch / oder nationalsozialistisch sein / alles andere wird nicht geduldet / alles andere wird vernichtet."[20] (Anna)

ANMERKUNGEN

1 Es hat in Kärnten sehr lange gedauert, bis der slowenischen Minderheit ihre staatsvertraglich garantierten Rechte mit doppelsprachigen Ortstafeln zuerkannt wurden.

2 Kärntner Jahrbuch für Politik 2004. Herausgegeben von Karl Anderwald, Peter Filzmaier und Karl Hren. Kärntner Druck und Verlagsgesellschaft, Klagenfurt: 2004, S. 99

3 Man liest manchmal, Gerhard Fritsch habe das Haus Österreich mit einem Punschkrapfen verglichen. Ich habe dafür keine Quelle in Gerhard Fritschs Schriften gefunden, auch wenn „Punschkrapfen" im Fragment „Katzenmusik" vorkommen.

4 Salzburger Chronik, Nr. 162, 18. Juli 1919, S. 5

5 Der 1920 beendete russische Bürgerkrieg wurde als Kampf zwischen Weiß und Rot beschrieben und gewaltsame Aktionen von Konservativen und Monarchisten galten als „weißer Terror".

6 Kurt Tucholsky: Feldfrüchte. In: Kurt Tucholsky: Gedichte in einem Band. Insel Verlag, Frankfurt am Main/ Leipzig: 2006, S. 626

7 Vor 1984 konnte bislang keine schriftliche Erwähnung dieses Witzes nachgewiesen werden.

8 Erwin Ringel: Die Kärntner Seele (Nach einem Vortrag, gehalten am 15. September 1984 in Keutschach, ergänzt während der Jahre 1986 und 1988), in: Erwin Ringel: Die Kärntner Seele: mit Darstellungen aus Literatur und bildender Kunst. Herausgegeben von Franz Witzeling mit Beiträgen von Josef Strutz und Arnulf Rohsmann. Hermagoras Verlag, Klagenfurt/Wien: 1988, S. 12

9 Robert Menasse: Die Vollendung des Fragments. Zur Aktualität der „Katzenmusik" von Gerhard Fritsch. Literatur und Kritik, Heft 263/264. Otto Müller Verlag, Salzburg: 1992, S. 19f.

10 Christian Martin Fuchs: Von Apfelstrudel bis Zweitwohnsitz: ein Österreich-Glossar. Residenz Verlag, Salzburg: 2006, S. 98

11 Andrea Maria Dusl: Die österreichische Oberfläche: Österreich findet am Übergang zwischen Innen und Außen statt. Residenz Verlag, Salzburg: 2007, S. 113

12 15. 1. 2008, groups.google.com/g/de.soc.politik.misc/c/Rds60IgmGzQ/m/C-Z71thHo4AJ

13 Twitter, 12. Oktober 2008, @dieter_brader

14 Titanic, Heft 328, 28. Jahrgang, 2007, S. 37

15 Armand Feka: Ein Punschkrapfen zu viel. Der Standard, 28. Februar 2011

16 Wikiquote hat die falsche Zuschreibung verbessert, nachdem ich auf meiner Webseite 2018 die falsche Zuschreibung an Thomas Bernhard entlarvt hatte.

17 Ich danke Hanno Biber (OEAW) für seine Bestätigung, dass das Zitat in Thomas Bernhards Schriften nicht zu finden ist, und für seinen Hinweis auf Kurt Tucholsky sowie Sven Haarmann vom Bonner Willy-Brandt-Archiv für seine Hinweise.

18 Thomas Bernhard: „Heldenplatz". Suhrkamp Verlag, Frankfurt am Main: 1988, S. 118

19 Ebd., S. 25

20 Ebd., S. 63

„Ich fürchte nicht die Rückkehr der Faschisten in der Maske der Faschisten, sondern die Rückkehr der Faschisten in der Maske der Demokraten.“

THEODOR W. ADORNO

Neben diesem angeblichen Adorno-Zitat geistern zwei ähnliche Sinnsprüche über die Gefahr, die von getarnten Faschisten ausgeht, in Zeitungen und im Internet herum. Vor allem auf konservativen und rechtsextremen[1] Seiten. So soll der britische Premierminister Winston Churchill prophezeit haben: „Die Faschisten der Zukunft werden sich Antifaschisten nennen." Der italienische Autor, Aktivist, Antifaschist, Spitzel und Exkommunist Ignazio Silone (1900–1978) hingegen hat angeblich Folgendes gesagt: „Wenn der Faschismus wiederkehrt, wird er nicht sagen: ‚Ich bin der Faschismus.' Nein, er wird sagen: ‚Ich bin der Antifaschismus.'"

Weder in den Texten des Philosophen Theodor W. Adornos (1903–1969) noch in den Reden und Schriften Winston Churchills oder in den Publikationen Silones sind diese Zitate gefunden worden.[2]

Dass Ideologien oder in der Politik tätige Personen unter falscher Flagge agieren, um auf diese Weise den Gegner zu unterwandern, ist eine alte Befürchtung. So hat zum Beispiel der italienische Literaturhistoriker und zweimalige Unterrichtsminister Francesco de Sanctis am 10. Dezember 1878 konstatiert: „Die Reaktion zeigt nicht ihr wahres Gesicht, und wenn die Reaktion zum erstenmal kommt und uns besucht, sagt sie nicht: ich bin die Reaktion."[3]

Auf Deutsch taucht dieser Satz 1934 in einem Essay des bereits erwähnten Ignazio Silone mit dem Titel „Der Fascismus. Seine Entstehung und seine Entwicklung"[4] auf.

In den USA der 1930er-Jahre wiederum ging im Schatten von Hitler und Mussolini die Sorge um, der Faschismus würde in Amerika in Verkleidung auftreten, und zwar „als Antifaschismus". Eine Einschätzung, die zum ersten Mal 1936[5] dokumentiert und dem US-Politiker Huey Long zugeschrieben wurde. Der Demokrat und Gouverneur von Louisiana war ein schillernder Machtpolitiker und begnadeter Populist, der zeit seines politischen Lebens mit der extremen Rechten kokettierte, aber Antisemiten verachtete. Auf die Interviewfrage, ob er glaube, der Faschismus werde die USA erobern, soll er geantwortet haben: „Sicher. Wir werden ihn unter dem Deckmantel des Antifaschismus bekommen." Der Spruch wurde Long ein Jahr, nachdem er 1934 einem Attentat zum Opfer fiel, erstmals untergejubelt. Ein Sekundärzitat also. In den folgenden Jahrzehnten wurde ihm der Satz an die hundert Mal[6] in Variationen und manchmal verbunden mit Anekdoten in den Mund gelegt, irgendwann wurde das erwähnte Interview auf das Jahr 1933 datiert. 1960 jedoch kam der Historiker Arthur M. Schlesinger Jr. nach Prüfung aller Quellen zu dem Schluss, dass der politische Rechtsausleger das wahrscheinlich nie gesagt hat.[7]

Was nichts daran ändern sollte, dass Huey Long bis heute als ein Absender kursiert. Doch er bekam posthume Konkurrenz: Winston Churchill. 2008, also immerhin 43 Jahre nach seinem Hinscheiden, wurde dem britischen Premier das Pseudo-Long-Zitat zugeschlagen. Grund gab es keinen, außer den alten internationalen Brauch, dem Vielzitierten unzählige weitere markante Sprüche unterzuschieben.

Worauf sich auch der norwegische Rechtsextremist Anders Breivik verließ, der am 22. Juli 2011 77 Menschen ermordete. Als Motto setzte der spätere Massenmörder diese Prophezeiung über ein Kapitel in seinem über tausendseitigen Elaborat mit dem Titel „2083".

Doch diese stammt nicht von Winston Churchill. Weder Historiker des „Churchill Project", einer Einrichtung des Hillsdale College in Michigan, noch der US-Zitate-Checker Garson O'Toole noch ich konnten einen Nachweis in den digitalisierten Reden und Schriften des britischen Premiers finden.

Ebenfalls beliebt im rechtsextremen Spektrum ist die Zuschreibung des Pseudo-Long-Zitats an den italienischen Aktivisten Silone. Etwa in Verbindung mit Fotos von Greta Thunberg und diesen oder ähnlichen Sätzen: „Wenn der Faschismus wiederkehrt, wird er nicht sagen: ‚Ich bin der Faschismus.' Nein, er wird sagen: ‚Ich bin der Antifaschismus.' Ignazio Silone."

Aufgetaucht ist diese Formulierung zum ersten Mal 1976. In diesem Jahr beklagte ein italienischer Kunsthistoriker in einem Interview mit dem Schweizer Journalisten François Bondy, dass man heutzutage nichts tun könne, ohne als „Faschist" beschimpft zu werden. Bondy erinnerte sich an den Faschismus-Antifaschismus-Ausspruch seines alten Freundes Ignazio Silone. Oder besser gesagt: Er glaubte sich zu erinnern. Insgesamt drei Mal erwähnte Bondy das angebliche Zitat, eben 1976,[8] dann 1979[9] auf Englisch, 1988 schließlich auf Deutsch.[10] Der Wortlaut ist immer ein wenig anders, die Datierung schwankt zwischen 1944 und 1945. Wir haben also als einzige Quelle für dieses Zitat nur die Aussagen eines Mannes, der sich an einen Satz erinnert, den er vor über dreißig Jahren einmal gehört haben will.

Dass die Erinnerung keine verlässliche Zitatquelle ist, bewies nicht zuletzt Bazon Brock, ein deutscher Universitätsprofessor für Ästhetik und Kulturvermittlung, der 2008 in einem seiner Bücher folgende Aussage Adornos hervorholte: „Theodor W. Adorno hat 1959 im Rundfunk geäußert, dass er nicht die Wiederkehr des Faschismus als Schlägerbande fürchte, die nach SA-Manier das Volk aufmische, sondern er fürchte die Wiederkehr des Faschismus als Demokratie."[11] Tatsächlich gesagt hat der Philosoph aber: „Ich möchte nicht auf die Frage neonazistischer Organisationen eingehen. Ich betrachte das

Nachleben des Nationalsozialismus in der Demokratie als potentiell bedrohlicher, denn das Nachleben faschistischer Tendenzen gegen die Demokratie. Unterwanderung bezeichnet ein Objektives; nur darum machen zwielichtige Figuren ihr come back in Machtpositionen, weil die Verhältnisse sie begünstigen."[12]

Brocks Gedächtnis machte also aus Adornos „potentiell bedrohlicher" ein „er … fürchte", aus „faschistischen Tendenzen" „Schlägerbanden" und aus „Nachleben des Nationalsozialismus in der Demokratie" ein „Faschismus als Demokratie". Das ist nur ein Beispiel dafür, welche Streiche uns unser Gedächtnis bei Zitaten regelmäßig spielt, sofern wir nicht in der Literatur nachschlagen. Die angebliche Adorno-Formulierung von den „Faschisten in der Maske des Faschisten" kam 2007[13] auf und ist wohl auch aus einer Fehlerinnerung an diesen Rundfunkvortrag Adornos entstanden. Die Wendung klingt so holprig wie „Monarchisten in der Maske von Monarchisten" oder „Liberale in der Maske von Liberalen" und ist einem an der Prosa von Karl Kraus geschulten Stilisten wie Adorno nicht zuzutrauen.

→ ADORNO ZITIEREN, ABER RICHTIG

„Geliebt wirst du einzig, wo du schwach dich zeigen darfst, ohne Stärke zu provozieren."[14]

„Fremdwörter sind die Juden der Sprache."[15]

„Es gibt kein richtiges Leben im falschen."[16]

ANMERKUNGEN

1 Garson O'Toole: Sure, We'll Have Fascism in This Country, and We'll Call It Anti-Fascism, 2017 (https://quoteinvestigator.com/2017/03/04/anti-fascism/)

2 Ich fasse hier dankbar das Ergebnis von anderen Zitatforschern wie Garson O'Toole sowie die gründliche Recherche von KarlV (Wikipedia) zusammen.

3 Ignazio Silone: Der Fascismus. Seine Entstehung und seine Entwicklung. Europa-Verlag, Zürich: 1934, S. 252

4 Ignazio Silone: Der Fascismus. Seine Entstehung und seine Entwicklung. Europa-Verlag, Zürich: 1934

5 Norman Thomas said recently in a speech made in Cincinnati: „Fascism is coming in the United States most probably, but it will not come under that name." In this statement he was repeating the words of the late Huey Long, but Huey added: „Of course we'll have it. We'll have it under the guise of anti-fascism". The Cincinnati Enquirer, A Lively Age To Come? by J. F. McD., 22. Februar 1936, Seite 7 (Newspapers.com)

6 Siehe Garson O'Toole.

7 Auch Garson O'Toole kam zu diesem Ergebnis.

8 „The Fascism of tomorrow will never say ‚I am Fascism.' It will say: ‚I am anti-Fascism.'"

9 François Bondy: Ignazio Silone: In Memoriam. The Washington Quarterly, vol. 2 , 1979, S. 2

10 Christian R. Schmidt: Silones Warnung. Wie der linke Intellektuelle Ignazio Silone zum Kronzeugen der Anti-Antifa gemacht wurde. jungle.world, 30. Januar 2020

11 Bazon Brock: Lustmarsch durchs Theoriegelände – Musealisiert Euch! Du Mont, Köln: 2008

12 Theodor W. Adorno: Was bedeutet: Aufarbeitung der Vergangenheit? In: Gesammelte Schriften 10.2. Kulturkritik und Gesellschaft II: Eingriffe. Stichworte. Suhrkamp, Frankfurt am Main: 1977, S. 555–572

13 Peter Mühlbauer: Unbewusstes Battle Reenactment. Telepolis, 4. Juni 2007

14 Theodor W. Adorno: Minima Moralia: Reflexionen aus dem beschädigten Leben. (1951) Bibliothek Suhrkamp, Frankfurt am Main: 1973, S. 255

15 Ebd., S. 141

16 Ebd., S. 42

„Niemand hat das Recht zu gehorchen."

HANNAH ARENDT

Dieses beliebteste Hannah-Arendt-Zitat steht auf Häusern,[1] Parkbänken, Einkaufstaschen und Teetassen und ist bei Politiker:innen an Gedenktagen überaus beliebt. Sogar das Deutsche Museum in Berlin hat im Jahr 2020 für seine große Hannah-Arendt-Ausstellung damit geworben, auch auf Englisch: „No one has the right to obey. Hannah Arendt."

Aber was soll das eigentlich heißen, niemand habe das Recht zu gehorchen? Hat ein Kind kein Recht zu gehorchen, wenn seine Mutter etwas von ihm verlangt? Hat der Feuerwehrmann kein Recht zu gehorchen, wenn der Einsatzbefehl kommt? Dürfen auch Soldaten nicht mehr gehorchen? Es gibt also Fragen.

Hannah Arendt (1906–1975) gilt als berühmteste Philosophin des 20. Jahrhunderts. Sie war mit zwei Männern verheiratet, Günther Anders und Heinrich Blücher, die nichts dagegen hatten, Philosophen genannt zu werden. Sie selbst aber lehnte diesen Titel als Berufsbezeichnung für sich ab, obwohl sie als 22-jährige Frau 1928 mit ihrer Dissertation „Der Liebesbegriff bei Augustin. Versuch einer philosophischen Interpretation" einen philosophischen Doktorgrad erworben hatte. Sie analysierte später keine erkenntnistheoretischen, ästhetischen oder logischen Probleme, sondern politische und moralische Entwicklungen und begriff sich als Theoretikerin der Politik. Ein Fachgebiet, das auf Niccolò Machiavelli (1469–1527) zurückgeht. Die in Deutschland geborene Jüdin definierte zum Beispiel Macht nicht als ausschließlich negatives Instrument, sondern betonte den Wert von Kooperationen: „Macht entspringt der menschlichen Fähigkeit, nicht nur zu handeln oder etwas zu tun, sondern sich mit anderen zusammenzuschließen und im Einvernehmen mit ihnen zu handeln."[2]

Arendt publizierte ein Standardwerk zum Totalitarismus[3] und berichtete 1961 vom Prozess gegen Adolf Eichmann, dem Organisator der „Endlösung der Judenfrage". Später erschienen ihre Eindrücke unter dem Titel „Eichmann in Jerusalem. Ein Bericht von der Banalität des Bösen" als Buch, das nicht nur wegen des Untertitels noch heute kontroversiell diskutiert wird. 1964 ist das Jahr, in dem zum ersten Mal das vermeintliche Arendt-Zitat fällt, und zwar in einem Radiogespräch der Autorin mit dem Historiker und Zeitungsherausgeber Joachim Fest zu Adolf Eichmann. In dieser Sendung mit dem späteren Hitler-Biografen ging es unter anderem um die, so Arendt wortwörtlich, „Dummheit" des sonst so intelligent wirkenden, effektiven SS-Spitzenmanagers Eichmann, wenn er behauptet, er habe sein Leben lang die Moralvorschriften Immanuel Kants befolgt, dessen Pflichtbegriff zu seiner Richtschnur gemacht und aus Pflichtgefühl den Befehlen seiner Vorgesetzten gehorcht. Hier noch einmal zur Erinnerung Kant im Original: „Der Satz ‚man muß Gott mehr gehorchen, als den Menschen' bedeutet nur, daß, wenn die letzten etwas gebieten, was an sich böse (dem Sittengesetz unmittelbar zuwider) ist, ihnen nicht gehorcht werden darf und soll."[4]

Arendt führte aus – wie davor schon in ihrem Buch über den Prozess –, warum Eichmanns Berufung auf Kant lächerlich und es mithilfe des kategorischen Imperativs unmöglich sei, sein Gewissen und seine Verantwortung bei einem Vorgesetzten auszulagern. Schließlich sagte sie: „Kein Mensch hat bei Kant das Recht zu gehorchen."[5]

Der Satz ist in diesem Kontext verständlich und richtig, in seiner Verkürzung und Verallgemeinerung aber unsinnig und zu einem Slogan verkommen, den man so wenig ernst nehmen kann wie einen Werbespruch. Aus dem „Kein Mensch" wurde ein „Niemand". Und das entscheidende „bei Kant" wurde absurderweise gestrichen. Selbstverständlich hat ein Feuerwehrmann das Recht zu gehorchen, wenn der Einsatzbefehl kommt. Aber die Berufung auf den Gehorsam kann nie Entschuldigung oder Rechtfertigung für eine rechtswidrige Tat sein.

Leider ist das unsinnig entstellte Zitat Hannah Arendts viel bekannter als der Gedanke, der ursprünglich dahintersteckt. Darum möchte ich konkret darauf eingehen, was sie unter der Banalität des Bösen verstand und warum sie sich gegen die Dämonisierung der Nazi-Schwerverbrecher wandte.

Auf den Hinweis Joachim Fests, Eichmann habe sich auf Kant berufen, antwortete Hannah Arendt: „Ja. Natürlich eine Unverschämtheit, nicht? Von Herrn Eichmann. Kants ganze Moral läuft doch darauf hinaus, dass jeder Mensch bei jeder Handlung sich selbst überlegen muss, ob die Maxime seines Handelns zum allgemeinen Gesetz werden kann. Das heißt ... Es ist ja gerade sozusagen das extrem Umgekehrte des Gehorsams! Jeder ist Gesetzgeber. Kein Mensch hat bei Kant das Recht zu gehorchen. [...] Eichmann war ganz intelligent, aber diese Dummheit hatte er. Das war die Dummheit, die so empörend war. Und das habe ich eigentlich gemeint mit der Banalität. Da ist keine Tiefe - das ist nicht dämonisch! Das ist einfach der Unwille, sich je vorzustellen, was eigentlich mit dem anderen ist [...]. Das heißt, dieses Unvermögen, wie Kant sagt, um ihn jetzt also doch wirklich in den Mund zu nehmen: ‚an der Stelle jedes andern denken' - ja, das Unvermögen ... Diese Art von Dummheit, dass es ist, als ob man gegen eine Wand spricht. Man kriegt nie eine Reaktion, weil nämlich auf einen selber gar nicht eingegangen wird. Das ist deutsch. Das zweite, was mir spezifisch deutsch scheint, ist diese geradezu verrückte Idealisierung des Gehorsams."[6]

Die in Hannover geborene Hannah Arendt verbrachte ihre Kindheit und Jugend ab dem dritten Lebensjahr in Königsberg und soll schon mit 14 die dort verfasste „Kritik der reinen Vernunft“ gelesen und – im Unterschied zu Immanuel Kant – auch sehr gründlich Altgriechisch gelernt haben. Ihr Lebensmotto war: „Ich will verstehen“, es ging ihr in ihrem Leben um Wahrhaftigkeit, Gerechtigkeit und Genauigkeit, und sie hat nach dem Holocaust einen neuen Grundsatz für alle Menschenrechte formuliert. Sie forderte, dass jedem Menschen ein Recht auf Staatsbürgerschaft zuerkannt wird. Staatenlosigkeit sei die große Gefahr und das große Unglück für ein menschenwürdiges Leben in unserer Zeit. Jeder habe ein „Recht auf Rechte“. Nur als Teil einer Rechtsgemeinschaft ist man zugleich geschützt und ermächtigt, die menschliche Gesellschaft mitzubestimmen, „die Verletzung der Rechte eines Einzelnen ist gleichbedeutend mit der Verletzung der Rechte aller“.[7]

Es gibt so viele markante und bedeutende Sätze und Gedanken in Hannah Arendts Schriften. Daher ist es nicht einfach zu verstehen, warum eine Verteidigerin des genauen Denkens mit einem verkürzten und entstellten Zitat gefeiert wird.

→ HANNAH ARENDT ZITIEREN, ABER RICHTIG

„Die traurige Wahrheit ist, dass das meiste Übel von Menschen verursacht wird, die sich nie dazu entschließen, entweder gut oder böse zu sein.“ [8]

„Der wohl hervorstechendste und auch erschreckendste Aspekt der deutschen Realitätsflucht liegt in der Haltung, mit Tatsachen so umzugehen, als handele es sich um bloße Meinungen.“ [9]

„Weisheit ist eine Tugend des Alters, und sie kommt wohl nur zu denen, die in ihrer Jugend weder weise waren noch besonnen.“ [10]

ANMERKUNGEN

1 „Nach jahrelangem Tauziehen ist heute am Gebäude des Finanzamtes in der Südtiroler Hauptstadt Bozen eine Installation am Mussolini-Relief enthüllt worden, die das faschistische Relikt in seinen geschichtlichen Kontext rücken soll. Am Abend leuchtete das Zitat von Hannah Arendt, ‚Kein Mensch hat das Recht zu gehorchen', dann erstmals auch." ORF.at, 5. November 2017

2 Hannah Arendt: Macht und Gewalt (Originalausgabe: On Violence, 1970). Piper, München/Zürich: 1970, S. 45

3 Hannah Arendt: Elemente und Ursprünge totaler Herrschaft. Europäische Verlagsanstalt, Frankfurt am Main: 1955

4 Immanuel Kant: Die Religion innerhalb der Grenzen der bloßen Vernunft. 1793, AA VI, S. 99

5 Hannah Arendt, Joachim Fest: Eichmann war von empörender Dummheit. Gespräche und Briefe. Piper Verlag, München: 2011

6 Ebd., S. 33

7 Wolfgang Heuer, Bernd Heiter, Stefanie Rosenmüller: Arendt-Handbuch. Leben – Werk – Wirkung. J. B. Metzler Verlag, Heidelberg: 2017, S. 313

8 Hannah Arendt: The life of the mind (1971) Harcourt Brace Jovanovich, New York: 1978, S. 180

9 Hannah Arendt: The Aftermath of Nazi Rule: Report from Germany. In: Hannah Arendt: Zur Zeit. Politische Essays, herausgegeben von Marie Luise Knott, übersetzt von Eike Geisel. Rotbuch-Verlag, Berlin: 1986, S. 47

10 Hannah Arendt: Menschen in Finsteren Zeiten. Piper Verlag, München/Zürich: 1989, S. 130

„Die gefährlichste aller Weltanschauungen ist die Weltanschauung der Leute, welche die Welt nie angeschaut haben.“

ALEXANDER VON HUMBOLDT

Das Beste, was Preußen der Welt geschenkt hat, trägt den Namen Humboldt:[1] Wilhelm von Humboldt (1767–1835) und Alexander von Humboldt (1769–1859), Söhne eines preußischen Offiziers. Der ältere Bruder formulierte ein Bildungsideal für Universitäten, das die ganze Welt befruchtet hat, der jüngere hat das Bildungsideal Wilhelm von Humboldts glanzvoll verkörpert. Universitäten sollten ihm zufolge nicht nur Experten ausbilden, sondern sie mit Kunst und Philosophie vertraut machen und autonom denkende Weltbürger hervorbringen.

Humboldt studierte Kameralistik (Öffentliche Verwaltung) und besuchte nebenbei Vorlesungen in Altertumswissenschaften, Medizin, Physik, Mathematik, Botanik, Physik, Anthropologie, Biologie, Handelswissenschaften sowie Volks- und Weltwirtschaft, Geografie, Mineralogie und schließlich Bergbau.[2] Nach seinem Studium war er ab 1792 als preußischer Beamter für Bergbau zuständig und gründete – ohne einen Vorgesetzten zu fragen – mit eigenen Geldmitteln die erste Berufsschule für Bergarbeiter zwischen zwölf und dreißig Jahren. Nachdem es dafür keine Schulbücher gab, schrieb er sie gleich selbst.

Das Erbe seiner Mutter machte ihn wohlhabend, er verließ 1794 den Staatsdienst und begab sich, nachdem er in England unter anderem seine Magnetismusstudien fortgesetzt und Astronomie studiert hatte, auf seine erste Amerika-Expedition. Da war er gerade einmal dreißig Jahre alt. „Ich werde Pflanzen und Fossilien sammeln, mit einem vortreflichen Sextanten von *Ramsden,* einem Quadrant von *Bird,* und einem Chronometer von *Louis Berthoud* werde ich nüzliche astronomische Beobachtungen machen können; ich werde die Luft chemisch zerlegen. – dieß alles ist aber nicht Hauptzwek meiner Reise. Auf das Zusammenwirken der Kräfte, den Einfluß der unbelebten Schöpfung auf die belebte Thier- und Pflanzenwelt; auf diese Harmonie sollen stäts meine Augen gerichtet seyn."[3] Er erkundete den Orinoco, bereiste Kuba, Kolumbien, Ecuador, Peru und Mexiko und schiffte sich schließlich Richtung Vereinigte Staaten ein. Nach fünf Jahren kehrte er wieder zurück. Seine Reiseberichte machten den Naturforscher berühmt, die ganze Welt bewunderte ihn für seine farbigen Schilderungen, auch Goethe und Charles Darwin hat er begeistert.

Ich wurde 2017 gefragt,[4] ob das Bonmot von der gefährlichsten aller Weltanschauungen tatsächlich von Alexander von Humboldt stammt.[5] Nun: Auch dieses Zitat hat eine lange Reise hinter sich. Seit 1898 geistert es anonym durch diverse Zeitungen[6], bis es 1977, fast 120 Jahre nach dessen Tod, erstmals[7] Alexander von Humboldt zugeschrieben wurde. 1999 wurde auch die Anekdote erfunden, Humboldt habe auf Hegel[8] angespielt, eine Anekdote, der sogar Hans Magnus Enzensberger Glauben schenkte. In einem „Spiegel"-Gespräch meinte der deutsche Schriftsteller: „Er ist das Gegenteil eines Stubengelehrten; er will alles selber sehen und wahrnehmen, nicht nur aus Büchern kennen lernen. Einmal sagt er: Die gefährlichste Weltanschauung ist die Weltanschauung derjenigen, die die Welt nicht angeschaut haben. Das sagt er über Hegel!"[9] Kein Wunder, dass angesichts dieser geballten Geisteskraft dann auch das deutsche Finanzministerium anlässlich des 250. Geburtstags Humboldts an dessen „weisen Worte"[10] von der gefährlichsten aller Weltanschauungen erinnert.

Tatsächlich aber ist das berühmteste Alexander-von-Humboldt-Zitat in seinen Schriften nicht zu finden. Und soviel wir wissen, hielt der Vielgereiste selbst einen Immanuel Kant nicht für einen gefährlichen Denker, bloß weil der nie aus Königsberg herausgekommen ist.

→ VON HUMBOLDT ZITIEREN, ABER RICHTIG

„Zweifelsohne ist die Sklaverei das größte aller Uebel, welche jemals die Menschheit betroffen.“[11]

„Die Natur muß gefühlt werden, wer nur sieht und abstrahirt, kann ein Menschenalter, im Lebensgedränge der glühenden Tropenwelt, Pflanzen und Thiere zergliedern, er wird die Natur zu beschreiben glauben, ihr selbst aber ewig fremd sein.“[12]

ANMERKUNGEN

1 Frei nach Rüdiger Schaper, dem Biografen Alexander von Humboldts. Ich hoffe, der Königsberger Immanuel Kant verzeiht mir diese Übertreibung.

2 Ottmar Ette (Hrsg.): Alexander von Humboldt-Handbuch. Leben – Werk – Wirkung. J. B. Metzler, Stuttgart: 2018. Im Folgenden fasse ich Einträge aus Ettes Handbuch und aus dem A.-Humboldt-Wikipedia-Artikel zusammen.

3 A. v. Humboldt an Johann Wolfgang Goethe, Paris, 3. Januar 1810. In: Goethe-Jahrbuch. Herausgegeben von Ludwig Geiger, Achter Band. Rütten & Loening, Frankfurt am Main: 1887, S. 86

4 Danke für die Frage Christian Seidl und später Tobias Blanken.

5 Nach sechs Jahren kann ich antworten: Nein. Es ist unwahrscheinlich, dass dieses Bonmot jemals in einer Schrift Humboldts gefunden werden wird. Zu Dank verpflichtet bin ich Ingo Schwarz von der Berliner Alexander-von-Humboldt-Forschungsstelle für die Bestätigung, sowie Arno Tator und Ralf Bülow für ihre Recherchen. Besonders danke ich Bernd-Christoph Kämper für seine Entdeckung der frühesten Erwähnungen 1898 und 1930.

6 Der Deutsche Correspondent. Baltimore, Md., 10. April 1898, S. 9, Rubrik: „Texte für Sonntagsbetrachtungen“ von O. R.

7 Frühe falsche Zuschreibung in: Der Deutsche Pelztierzüchter, Bände 51–55, 1977, S. 106

8 Alexander von Humboldt: Über die Freiheit des Menschen. Herausgegeben von Manfred Osten. Insel Verlag, Frankfurt am Main: 1999, S. 18 [Hegel-Anekdote im Vorwort von Manfred Osten.]

9 Johannes Saltzwedel, Stefan Aust und Matthias Matussek: Der Mann geht aufs Ganze, Spiegelgespräch mit Hans Magnus Enzensberger über Alexander von Humboldt. Der Spiegel, 38/2004, 13. September 2004

10 www.bundesfinanzministerium.de/Monatsberichte/2019/02/Inhalte/Kapitel-3-Analysen/3-5-deutsche-briefmarken.html

11 Alexander von Humboldt: Versuch über den politischen Zustand der Insel Cuba. In: Gesammelte Werke, Zwölfter Band. Verlag der J. G. Cotta'schen Buchhandlung, Stuttgart: [1889], S. 69

12 A. v. Humboldt an Johann Wolfgang Goethe, Paris, 3. Januar 1810. In: Goethe-Jahrbuch, Hrsg. Ludwig Geiger, Achter Band, Rütten & Loening, Frankfurt am Main: 1887, S. 86

„Die Definition von Wahnsinn ist, immer wieder das Gleiche zu tun und andere Ergebnisse zu erwarten.“

ALBERT EINSTEIN

Niemandem – außer vielleicht Konfuzius – werden so viele falsche Zitate zugeschrieben wie dem Physiker Albert Einstein, der in seinen zwei Wunderjahren 1905 (Veröffentlichung der „Speziellen Relativitätstheorie") und 1915 (Veröffentlichung der „Allgemeinen Relativitätstheorie") die physikalische Sicht auf unser Universum vollständig verändert hat.

Kurz vor seinem Tod am 18. April 1954 in einem Krankenhaus in Princeton wachte Einstein, der wenige Tage zuvor zusammengebrochen war, aus seiner Bewusstlosigkeit auf und murmelte seiner Stieftochter Margot zufolge zwei Mal: „Ich habe meine Sach' hier getan."[1] „Meine Sach' getan" ist eine alte sprichwörtliche Redensart, die zum Beispiel von Bauern nach der Aussaat gesprochen wurde und vollständig lautet: „Ich habe meine Sach' getan, tu du, Gott, die deine!"[2]

Der 1879 in Ulm geborene Einstein war zu seiner Zeit neben Charlie Chaplin der berühmteste Mann der Welt, keine Woche verging, in dem sein Name nicht in einer Zeitung stand. Doch nicht nur in wissenschaftlicher Hinsicht leistete er Außergewöhnliches, er engagierte sich auch gesellschaftspolitisch.

Der Beginn seines politischen Aktivismus lässt sich auf den Ausbruch des Ersten Weltkriegs datieren, als er sich weigerte, das Manifest „An die Kulturwelt" zu unterzeichnen, mit dem 93 Wissenschaftler und Künstler im September 1914 den deutschen Angriff auf Belgien rechtfertigten.

Auch auf der Erklärung von 3000 deutschen Hochschullehrern vom 16. Oktober 1914 zur Unterstützung des deutschen Heeres wird man Einsteins Unterschrift vergeblich suchen. Der Pazifist und Weltbürger hatte nichts übrig für Patriotismus und Militär: „Wenn einer mit Vergnügen in Reih und Glied zu einer Musik marschieren kann, dann verachte ich ihn schon; er hat sein großes Gehirn nur aus

Irrtum bekommen, da für ihn das Rückenmark schon völlig genügen würde."[3]

Obwohl nicht religiös, fühlte er sich zeit seines Lebens mit dem Judentum verbunden und erkannte von Anfang an die tödliche Bedrohung durch die Nationalsozialisten. Das Angebot, Präsident Israels zu werden, lehnte er allerdings ab.

Der Nobelpreisträger des Jahres 1921 setzte sich für soziale Gerechtigkeit ein und glaubte nicht an einen belohnenden oder strafenden Gott. „Das Schönste, was wir erleben können, ist das Geheimnisvolle. Es ist das Grundgefühl, das an der Wiege von wahrer Kunst und Wissenschaft steht", schrieb er 1931. Dieser Satz wird oft in folgendem Wortlaut wiedergegeben und als Bekenntnis Einsteins zur Mystik interpretiert: „Das tiefste und erhabenste Gefühl, dessen wir fähig sind, ist das Erlebnis des Mystischen. Aus ihm allein keimt wahre Wissenschaft." Nur ein Beispiel dafür, wie manche entstellten Zitate als fantasievolle Rückübersetzungen aus dem Englischen entstanden sind.

Besonders oft wiedergegeben wird seine angebliche Prophezeiung, wonach der Mensch nur noch vier Jahre zu leben habe, wenn die letzte Biene gestorben ist. Bloß verstand sich Einstein vortrefflich auf physikalische, aber nicht auf biologische Prognosen. Ein klassisches Falsch-Zitat.

Der Aphorismus „Die Definition von Wahnsinn ist, immer wieder das Gleiche zu tun und andere Ergebnisse zu erwarten"[4] klingt zwar vorderhand nach einem klugen Kopf, bloß war es nicht der des weltberühmten Physikers. Zumal Einstein-Expertinnen wie Alice Calaprice[5] oder Barbara Wolff dieses Zitat in keinem seiner Texte gefunden haben. Gleiches gilt für Benjamin Franklin, dem der Satz ebenfalls immer wieder untergeschoben wird, oder für die Angabe „Chinesische Weisheit".

Die Evolution des Spruchs beginnt vor 120 Jahren, und zwar in der psychologischen und psychiatrischen Literatur. Dort ist von „Zwangshandlungen" die Rede, unsinnigen Wiederholungen, die zum Krankheitsbild der „Zwangsstörungen" gehören. Sigmund Freud erkannte im „Wiederholungszwang" einen bedeutenden psychischen Mechanismus.

Die erste Erwähnung des Zitats ist aus dem Jahr 1981 nachweisbar, und zwar in einem Bericht[6] über ein Treffen der Gruppe „Anonyme Narkotiker" in Knoxville, US-Bundesstaat Tennessee, die ein ähnliches Therapiekonzept wie die „Anonymen Alkoholiker" verfolgen.[7] Bei einer Diskussion der Teilnehmer:innen ging es darum, wie man als Süchtiger vom Wahnsinn geheilt werden könne. Eine Frau meinte, dass sie selbst noch nie an den Punkt des Wahnsinns gekommen sei, worauf eine nicht genannte Person entgegnete: „Wahnsinn bedeutet, immer wieder das Gleiche zu tun und unterschiedliche Ergebnisse zu erwarten."

1982 schrieb ein Mitglied der Gruppe in einem Band der Schriftenreihe „Narcotics Anonymous" über dieses Treffen: „Der Preis kommt dem Süchtigen, der sich für eine Spritze prostituiert, höher vor als dem Süchtigen, der lediglich einen Arzt anlügt, aber letztendlich zahlen beide mit ihrem Leben. Wahnsinn bedeutet, die gleichen Fehler zu wiederholen und unterschiedliche Ergebnisse zu erwarten."[8]

Zwei Jahre später lässt Rita Mae Brown in ihrem Roman „Sudden Death" (deutsch: „Die Tennisspielerin") ihre Figur Jane Fulton Folgendes sagen: „Wahnsinn ist, wenn man immer wieder das Gleiche tut, aber andere Resultate erwartet."[9] Seitdem erlangte das Zitat eine gewisse Bekanntheit, doch weltberühmt wurde es erst, als es 1990 – ohne ersichtlichen Grund – Albert Einstein untergeschoben wurde. Immerhin 34 Jahre nach seinem Tod.

→ ALBERT EINSTEIN ZITIEREN, ABER RICHTIG

„Autoritätsdusel ist der größte Feind der Wahrheit."[10]

„Jetzt weiß ich, warum es so viele Leute gibt, die gern Holz spalten. Bei dieser Tätigkeit sieht man nämlich immer sofort den Erfolg!"[11]

„Um ein tadelloses Mitglied einer Schafherde sein zu können, muss man vor allem ein Schaf sein."[12]

ANMERKUNGEN

1 Margot Einstein an Carl Seelig, 8. Mai 1955: „Er sagte ein Wort zwei Mal: ‚Ich habe meine Sach' hier getan', liess sich nicht belügen - und ging mit festem Willen - mit einer ungemeinen seelischen Kraft - u. ohne jedes Bedauern von dieser Welt." Autograph, Handschriftenabteilung der ETH Zürich

2 Kriegsworte von Feldbischof Franziskus Justus Rarkowski. Herausgegeben von Peter Bürger, Kirche & Weltkrieg, Band 9. BoD, Norderstedt: 2021, S. 333

3 Albert Einstein: Mein Weltbild. Querido Verlag, Amsterdam: 1934, S. 14

4 Ralph Keyes: The Quote Verifier: Who Said What, Where, and When. St. Martin's Griffin, New York: 2006, S. 98f.

5 Alice Calaprice: The Ultimate Quotable Einstein. Foreword: Freeman Dyson, Princeton University Press, Princeton and Oxford: 2011, S. 474

6 Betsy Pickle: Al-Anon Helps Family, Friends to Orderly Lives. The Knoxville News-Sentinel, 11. Oktober 1981, Knoxville, Tennessee. p. F17, Column 2 [Zitiert nach Garson O'Toole]

7 Garson O'Toole: Insanity Is Doing the Same Thing Over and Over Again and Expecting Different Results – 2017 (quoteinvestigator.com)

8 Narcotics Anonymous: 6th Edition, 2008. Erstmals erschienen 1981.

9 Rita Mae Brown: Sudden Death. Bantam Books, New York: 1983, S. 68

10 Albert Einstein an Jost Winteler, 8. Juli 1901, The Collected Papiers of Albert Einstein, Princeton 1987 ff., Bd. 1, S. 310

11 Einstein im Gespräch zu seinem Freund Jakob Ehrat, in: Carl Seelig: Albert Einstein. Eine dokumentarische Biographie. Europa Verlag, Zürich/Stuttgart/Wien: 1954, S. 84

12 Albert Einstein: Mein Weltbild. Herausgegeben von Carl Seelig. Ullstein, West-Berlin: 1956, S. 105: „Aphorismen für Leo Baeck"

„Am Ende wird alles gut. Und wenn es nicht gut ist, ist es nicht das Ende.“

JOHN LENNON

Er hat mit den Beatles die Welt der Musik als Komponist, Texter, Gitarrist und Sänger bereichert, und er wurde gemeinsam mit Yoko Ono in den letzten Jahren des Vietnam-Krieges zu einem Symbol der Friedensbewegung, zu einem Symbol für „Love and Peace". John Lennon selbst war für seinen bissigen Humor bekannt und wurde von den Fans für sein soziales Engagement bewundert. Yoko und John nutzten ihre Flitterwochen im März 1969, um ihre Friedens- und Liebesbotschaften medienwirksam zu verbreiten. Also luden sie auf ihrer Reise zu sogenannten Bed-ins, um vom Hotelbett aus ihr Anliegen unters Volk zu bringen. Manche hatten gehofft, dabei einige effektvolle Zärtlichkeiten zwischen den beiden einzufangen. Sie wurden enttäuscht. Das brav in Pyjama und Nachthemd gekleidet Paar brachte die Gäste aber dazu, Slogans wie „Make love, not war" auf den Titelseiten ihrer Zeitungen zu veröffentlichen.

Mit Songs wie „Imagine" oder „Give peace a chance" hat der Ex-Beatle (1940–1980) seine Fans zu friedlichem Aktivismus aufgerufen. Vielleicht wurde ihm deswegen das wohl beliebteste Aufmunterungszitat des 21. Jahrhunderts untergeschoben.

Seit dem Jahr 2000 verbreitete sich der Spruch „Everything is OK in the end. If it's not OK, it's not the end" auf Englisch und Deutsch im Internet so schnell wie kaum ein anderes neues Sprichwort. Laut Google-Statistik allein auf Deutsch über 100.000 Mal. Jedes Jahr posten es unzählige User:innen auf Facebook, Twitter und Instagram, inzwischen gehört das Zitat, von dem es einige Variationen gibt, zum globalen Sprachschatz. Als Urheber scheint dabei nicht nur John Lennon auf. Aus mehreren unterschiedlichen Zuschreibungen ragt Oscar Wilde heraus, was wenig verwunderlich ist: Dem irischen Schriftsteller und Aphoristiker werden immer wieder mehr oder weniger humorvolle Sprüche untergeschoben. Wieder andere halten es für ein „indisches Sprichwort". Als solches wurde er erstmals 2011 in der englischen Filmkomödie „The Best Exotic Marigold Hotel"[1] erwähnt, und zwar vom Leiter eines heruntergekommenen Hotels, der damit einen gleichermaßen enttäuschten und aufgebrachten Gast zu beruhigen suchte.

Die Lösung des Falls führt uns aber 15.000 Kilometer Luftlinie nach Westen, nach Brasilien. Fernando Sabino (1923–2004), ein brasilianischer Autor, der bereits mit 18 Jahren das erste seiner insgesamt fünfzig Bücher publiziert hatte, schrieb 1988 in seiner Erzählung „O tabuleiro de damas" („Das Schachbrett") über seinen Vater Domingo Sabino: „Vielleicht das Beste, an das ich mich erinnere, ist, was er zu mir einmal sagte, als er mich niedergeschlagen sah: ‚Mein Sohn, am Ende wird alles gut. Und wenn es nicht gut wird, ist es noch nicht das Ende.'"[2] Wir wissen nicht, ob sein Vater ein brasilianisches Sprichwort zitiert oder den Spruch wirklich selbst geprägt hat.

Abseits dieser Quelle ist das Bonmot, das wie eine Weisheit aus dem Buch Hiob klingt, in keinem digitalisierten Text auf Deutsch oder Englisch vor dem 21. Jahrhundert zu finden. Auch deswegen kann es nicht von Oscar Wilde oder John Lennon stammen und es ist äußerst unwahrscheinlich, dass es noch jemand an versteckter Stelle in ihren Texten oder Interviews entdeckt.

→ JOHN LENNON ZITIEREN, ABER RICHTIG

„Ich glaubte wirklich, die Liebe könnte uns alle retten.“ [3]

„Sie hassen dich, wenn du klug bist, sie verachten den Dummkopf.“ [4]

„Wir versuchen Frieden zu verkaufen wie ein Produkt, wie Seife oder Limonade.“ [5]

ANMERKUNGEN

1 The Best Exotic Marigold Hotel, Film, 2011, UK, Regie: John Madden

2 Fernando Sabino: O tabuleiro de damas. Editora Record, Rio de Janeiro: 1988, S. 79

3 The Philadelphia Inquirer, 10. Dezember 1980

4 Working Class Hero. John Lennon/Plastic Ono Band (1970)

5 Interview in: The David Frost Show 14. Juni 1969: „We're trying to sell peace, like a product, you know, and sell it like people sell soap or soft drinks."

Bedenke stets

FALSCHE ZITATE AUF GRABSTEINEN UND IN TODESANZEIGEN

Es gibt kaum einen würdigeren – und traurigeren – Anlass, als bei einer Trauerfeier mit einem einprägsamen Zitat von einem geliebten Menschen Abschied zu nehmen. Oder dessen Todesanzeige bzw. letzte Ruhestätte mit einer lyrischen oder weisen Sentenz aus der Feder einer klugen Person zu schmücken.

Meine Schwester meinte einmal, es sei doch völlig gleichgültig, wenn auf einer Todesanzeige ein falscher Dichtername stünde: Hauptsache, der Spruch sei schön und vor allem tröstlich. Ich stimmte ihr zu: Dem Verstorbenen wird und den Trauernden kann es egal sein. Gar nicht gleichgültig sollte es jedoch jenen sein, die diese Sprüche anbieten bzw. verbreiten. Eine Zeit lang hatte ich den Eindruck, jedes zweite Augustinus- oder Franz-von-Assisi-Zitat auf Grabinschriften oder in Traueranzeigen, selbst in den angesehensten deutschen Zeitungen, sei falsch.

Hier also einige Beispiele für beliebte, aber falsch zugeschriebene Trauersprüche, wie sie millionenfach in Zeitungen, Büchern und im Internet verbreitet werden.[1]

„Was man tief in seinem Herzen besitzt, kann man nicht durch den Tod verlieren."

Nicht von Johann Wolfgang von Goethe

Dieses Zitat stammt so ähnlich aus Ludwig Ganghofers 1899 erschienenem Tiroler Gebirgs-Roman „Das Schweigen im Walde"[2] und wurde Goethe erst im 21. Jahrhundert untergeschoben.

„Wer im Gedächtnis seiner Lieben lebt, der ist nicht tot, der ist nur fern; tot ist nur, wer vergessen wird."

Nicht von Immanuel Kant

Dieser Satz stammt aus dem Schauspiel „Der Stern von Sevilla"[3] des österreichischen Autors Christian von Zedlitz und wird dem Königsberger Philosophen seit Jahrzehnten[4] untergeschoben.[5]

„Aus Gottes Hand empfing ich mein Leben, unter Gottes Hand gestaltete ich mein Leben, in Gottes Hand gebe ich mein Leben zurück."

Nicht von Augustinus

Wohl einer der bekanntesten Trauersprüche. Entstanden ist er jedoch erst im 21. Jahrhundert. Der oder die Verfasser:in ist unbekannt.

„Der Tod ist das Tor zum Licht am Ende eines mühsam gewordenen Lebens."

Nicht von Franz von Assisi

Dieses Pseudo-Zitat des römisch-katholischen Heiligen und Ordensgründers könnte aus dem lateinischen Spruch „Mors janua vitae"[6] („Der Tod ist das Tor zum Leben") entstanden sein. Es stammt von einem Anonymus und wurde Franziskus im 21. Jahrhundert zugeschrieben.

„Man sieht die Sonne langsam untergehen und erschrickt doch, wenn es plötzlich dunkel ist."

Nicht von Franz Kafka

Tatsächlich ist die Quelle anonym und die fälschliche Zuschreibung aus dem 21. Jahrhundert.[7]

„Unsere Toten sind nicht abwesend, sondern nur unsichtbar. Sie schauen mit ihren Augen voller Licht in unsere Augen voller Trauer."

Nicht von Augustinus

Anonym. Die erste Zuschreibung an den spätantiken Theologen und Philosophen geht auf das Jahr 1997 zurück.[8]

„Danke für den Weg, den Du mit uns gegangen bist. Danke für die Hand, die uns so hilfreich war. Danke, dass es Dich gab.“

Nicht von Rainer Maria Rilke

Dieser Trauerspruch ist mittlerweile weit verbreitet, er stammt jedoch aus dem 21. Jahrhundert, der oder die Urheber:in ist unbekannt.

„Bedenke stets, dass alles vergänglich ist, dann wirst du im Glück nicht so fröhlich und im Leid nicht so traurig sein.“

Nicht von Sokrates

Der Spruch geht auf den berühmten Bibel-Psalm 90, Vers 12 zurück: „Lehre uns bedenken, dass wir sterben müssen, auf dass wir klug werden.“[9] Im Mittelalter wurde der lateinische Ausdruck „Memento mori!“ geprägt („Sei dir der Sterblichkeit bewusst!“ oder: „Bedenke, dass Du vergänglich bist!“).

„Eines Morgens wachst Du nicht mehr auf, die Vögel aber singen, wie sie gestern sangen. Nichts ändert diesen Tagesablauf. Nur Du bist fortgegangen. Du bist nun frei, und unsere Tränen wünschen Dir Glück."

Nicht von Johann Wolfgang von Goethe

Dieses angebliche Goethe-Zitat ist eine Montage aus zwei Sätzen einer anonymen Person mit einem Satz des Dichters. Letzterer stammt aus einem Trostbrief, den der 21-Jährige an seine Großmutter schrieb, als er im Februar 1771 vom Tod seines Großvaters erfuhr: „[Der Großvater] ist nun frey und unsre Tränen wünschen ihm Glück."[10]

„Wenn ihr mich sucht, sucht mich in euren Herzen. Habe ich dort eine Bleibe gefunden, werde ich immer bei euch sein."

Nicht von Rainer Maria Rilke oder Antoine de Saint-Exupéry

Der erste Satz wurde so ähnlich von einer unbekannten Person im 19. Jahrhundert geprägt, der zweite scheint in den 1980er-Jahren entstanden zu sein. Erst im 21. Jahrhundert wurden beide Sätze mit den Schriftstellern in Verbindung gebracht.

„Viel zu spät begreifen viele die versäumten Lebensziele: Freude, Schönheit der Natur, Gesundheit, Reisen und Kultur. Drum Mensch, sei zeitig weise! Höchste Zeit ist's! Reise, reise!"

Nicht von Wilhelm Busch

Nicht der Meister der vierhebigen Trochäen ist der Urheber, sondern ein Anonymus. Die erste Zuschreibung erfolgte im 20. Jahrhundert.

„Wenn wir aus dieser Welt durch Sterben uns begeben, so lassen wir den Ort, wir lassen nicht das Leben."

Nicht von Nikolaus Lenau

Dieses Zitat wurde dem Schriftsteller des Biedermeiers Hunderte Male untergeschoben, es stammt aber aus dem Gedicht „Der Tod" des Barockdichters Friedrich von Logau.

ANMERKUNGEN

1 Mit großem Dank an Ulrich Seelbach von der Fakultät für Linguistik und Literaturwissenschaft der Universität Bielefeld für seine Dokumentation von Trauersprüchen (https://www.uni-bielefeld.de/fakultaeten/linguistik-literaturwissenschaft/personen/ulrich-seelbach/materialien/trauersprueche.xml)

2 Ludwig Ganghofer: Das Schweigen im Walde. Droemer Knaur, München: 1968, S. 93

3 Die Wendung „Todt nur ist, wer vergessen wird" scheint es nur in der deutschen Fassung des österreichischen Autors Christian von Zedlitz zu geben, obwohl sie manchmal im 19. Jahrhundert Lope de Vega zugeschrieben wird.

4 Traueranzeige, Das Ostpreußenblatt, 6. Oktober 1984, S. 22 [frühe falsche Zuschreibung an Kant]

5 Obwohl der Literaturwissenschaftler Ulrich Seelbach von der Universität Bielefeld dankenswerterweise schon vor Jahren auf diese falsche Zuschreibung des Zedlitz-Zitats in seiner Sammlung von Trauersprüchen hingewiesen hat, wird dieses Zitat weiterhin in Trauerspruchsammlungen, Büchern und Zeitungen Immanuel Kant und manchmal auch irrtümlich Seneca zugeschrieben.

6 Burton Egbert Stevenson: The Macmillan Book of Proverbs, Maxims, and Famous Phrases. Simon & Schuster, New York: 1948, S. 501

7 Vorarlberger Nachrichten, Nr. 22, 26. Januar 2002, S. B8, Todesanzeige für Josef Smodis

8 Hansische Geschichtsblätter, Band 115, Böhlau Verlag, Köln/Weimar/Wien.

9 https://www.bibleserver.com/LUT/Psalm90%2C12

10 Goethes Werke. Herausgegeben im Auftrag der Großherzogin Sophie von Sachsen. IV. Abteilung: Goethes Briefe, Bd. 1–50, Weimar: 1887–1912. Band 1, S. 255

Die Top 10 der beliebtesten angeblichen Zitate

AUF GERALD KRIEGHOFERS BLOG
FALSCHEZITATE.BLOGSPOT.COM

1.

„Ich hasse, was du sagst, aber ich würde mein Leben dafür geben, dass du es sagen darfst."

Nicht von Voltaire

Der französische Philosoph Voltaire war ein „Freund der Wahrheit, aber überhaupt kein Freund des Märtyrertums". Er verteidigte die Toleranz, aber er versteckte seine Angriffe auf Bischöfe, Fürsten und Könige hinter Pseudonymen. Die Zuschreibung dieses Zitats[1] kam über seine Biografin Evelyn Beatrice Hall in die Welt, die in ihrem Buch über Voltaire den Satz „I disapprove of what you say, but I will defend to the death your right to say it"[2] unter Anführungszeichen gesetzt hatte und so das Missverständnis auslöste. 1939 entschuldigte sie sich dafür.

2.

„Wenn sie kein Brot haben, sollen sie doch Kuchen essen."

Nicht von Marie Antoinette

Der zynische Spruch wurde der französischen Königin fünfzig Jahre nach ihrer Hinrichtung 1793 untergeschoben. Als Urheber galt irrtümlich Jean-Jacques Rousseau, der in seiner 1769 fertig gestellten Autobiografie „Les Confessions" schrieb: „Endlich erinnerte ich mich des Auskunftsmittels einer großen Prinzessin, der man sagte, die Bauern hätten kein Brot, und die antwortete: ‚Sie können ja Kuchen essen.'"[3] Da die Tochter Kaiserin Maria Theresias erst 1754 geboren wurde, kann sie nicht gemeint gewesen sein. In Russland gilt Katharina die Große als Rousseaus geheimnisvolle „große Prinzessin".

3.

„Zuerst ignorieren sie dich, dann lachen sie über dich, dann bekämpfen sie dich und dann gewinnst du."

Nicht von Mahatma Gandhi

Diese Erfahrung von vielen politischen Aktivist:innen hat Mahatma Gandhi ähnlich erlebt und auch beschrieben, aber er hat diesen Spruch, der ihm seit 1981 untergeschoben wird, selbst nie so prägnant gesagt. Geprägt wurde der Satz 1918 von einem US-Gewerkschafter namens Nicholas Klein, von dem man nicht viel mehr weiß, als dass er unseren globalen Wortschatz mit diesem Spruch bereichert hat.[4]

4.

**„Gib einem Mann einen Fisch und du ernährst ihn für einen Tag.
Lehre einen Mann zu fischen und du ernährst ihn für sein Leben.“**

Nicht von Laotse

Die englische Schriftstellerin Anne Thackeray Ritchie (1837–1919) schrieb in ihrem 1884 erschienen Roman „Mrs. Dyman“: „… wenn du einem Mann einen Fisch gibst, hat er in einer Stunde wieder Hunger. Wenn du ihm beibringst, einen Fisch zu fangen, tust du ihm etwas Gutes.“[5] Diese Lebensweisheit wurde fortan oft zitiert und der Wortlaut dabei mehrfach verändert. Die Urheberin geriet in Vergessenheit, die Maxime verbreitete sich als indisches oder chinesisches Sprichwort. Die Version mit dem aberwitzigen Versprechen „Gib einem Hungernden einen Fisch, und er wird einmal satt, lehre ihn fischen, und er wird nie wieder hungern“ wird auf Deutsch im 21. Jahrhundert gerne dem chinesischen Philosophen Laotse, manchmal auch Konfuzius untergeschoben.

5.

„Wenn die Biene einmal von der Erde verschwindet, hat der Mensch nur noch vier Jahre zu leben. Keine Bienen mehr, keine Bestäubung mehr, keine Pflanzen mehr, keine Tiere mehr, kein Mensch mehr.“

Nicht von Albert Einstein

Es war tatsächlich ein Imker, der anscheinend Aussagen Charles Darwins und des belgischen Schriftstellers Maurice Maeterlinck mit Gedanken Einsteins verwechselte, und Letzteren 1941 als Urheber der Prophezeiung benannte. Wie man in der vergnüglichen Bienen-Zitat-Geschichte von Garson O'Toole[6] nachlesen kann, setzt sich diese Zuschreibung 1964 in einer französischen und 1966 in einer irischen Imkerzeitschrift fort und trat von dort aus die Reise in die Welt an.[7]

6.

„Was Deutschland und Österreich trennt, ist die gemeinsame Sprache.“

Nicht von Karl Kraus

Das Zitat stammt so ähnlich von dem österreichischen Kabarettisten Karl Farkas:[8] „Aber wir Österreicher unterscheiden uns doch von den Deutschen durch so mancherlei, besonders durch die gleiche Sprache.“[9] Angeregt wurde Farkas wahrscheinlich von dem Bonmot in Oscar Wildes Erzählung „Das Gespenst von Canterville“, „daß wir heutzutage alles mit Amerika gemein haben, ausgenommen natürlich die Sprache“.[10]

7.

„Der Vorteil der Klugheit liegt darin, dass man sich dumm stellen kann. Das Gegenteil ist schon schwieriger."

Nicht von Kurt Tucholsky

Dieser beliebte Aphorismus einer unbekannten Person wird seit etwa fünfzig Jahren in vielen Sprachen fälschlich Kurt Tucholsky zugeschrieben und ist inzwischen auf Spanisch noch verbreiteter als auf Deutsch oder Englisch.[11]

8.

„Wenn die Tatsachen nicht mit der Theorie übereinstimmen – umso schlimmer für die Tatsachen."

Nicht von Georg Wilhelm Friedrich Hegel

Dieses vielleicht beliebteste Kuckuckszitat der Philosophiegeschichte hat noch niemand in einer Schrift Hegels oder in Erinnerungstexten seiner Schüler gefunden. Entstanden ist die Wendung „umso schlimmer für die Tatsachen" Anfang des 19. Jahrhunderts in Frankreich („Tant pis pour les faits") und wurde auch auf Deutsch zuerst jahrzehntelang einem unbekannten Franzosen zugeschrieben.

9.

„Stell dir vor, es ist Krieg, und keiner geht hin."

Nicht von Bertolt Brecht

Dieser wohl beliebteste Slogan der Friedensbewegung wurde durch einen Artikel der Autorin Charlotte Keyes ab 1966 in den USA in der Version „Suppose They Gave a War and No One Came" berühmt. Ende der 1970er-Jahre kam er auch in Deutschland auf, wo er bald irrtümlich Bertolt Brecht untergeschoben wurde. Das Zitat geht zurück auf einen Vers von Carl Sandburg: „Sometime they'll give a war and nobody will come." (1936)[12]

10.

„Der Zweck heiligt die Mittel."

Nicht von Niccolò Machiavelli

Diese prägnante Wendung (Italienisch: „Lo scopo santifica i mezzi"), mit der man Verbrechen in der Politik rechtfertigt, kam Ende des 18. Jahrhunderts auf und galt lange als geheime Maxime der Jesuiten. Heute wird sie oft Machiavelli zugeschrieben, obwohl sie in seinen Schriften in diesem Wortlaut so wenig zu finden ist wie in jesuitischen Texten.[13]

ANMERKUNGEN

1 Ausführliche Belege zu diesen Zitaten finden Sie auf falschzitate.blogspot.com

2 Brief von Evelyn Beatrice Hall (S. G. Tallentyre) an Burdette Kinne, 9. Mai 1939. In: Burdette Kinne: Voltaire Never Said it! Modern Language Notes, Volume 58, Number 7, The Johns Hopkins University Press, Baltimore: November 1943, S. 534f.

3 Jean-Jacques Rousseau: Bekenntnisse, Erster Theil, Kapitel 11, übersetzt von H. Denhardt

4 Garson O'Toole: First They Ignore You, Then They Laugh at You, Then They Attack You, Then You Win, 2017 (quoteinvestigator.com/2017/08/13/stages/)

5 Miss Thackeray (Mrs. Anne Thackeray Ritchie): Mrs. Dymond. A novel. Harper's Handy Series, Nr. 43. Harper & Brothers, New York: 1885, S. 185. Dank an Ralph Keyes und Garson O'Toole.

6 quoteinvestigator.com/2013/08/27/einstein-bees/

7 Seit 2007 wissen Leser:innen der „Zeit", dass Einsteins Bienenprophezeiung ein Falschzitat ist, da der Wissenschaftsjournalist Hans Schuh für die Wochenzeitung der Sache nachgegangen ist.

8 Robert Sedlaczek: „Nicht alles Gute kommt von Kraus". Wiener Zeitung, 22. Juli 2011

9 Karl Farkas, 30. Dezember 1957, ORF

10 Oscar Wilde: Das Gespenst von Canterville: The Canterville Ghost. – Bilingual Englisch-Deutsch, Übersetzung: Franz Blei, Verlag: CreateSpace Independent Publishing Platform: 2015

11 Dass dieser Aphorismus in den Briefen und Schriften des 1934 verstorbenen Satirikers Kurt Tucholsky nicht zu finden ist, hat Friedhelm Greis auf seinem amüsanten und informativen Sudelblog aufgedeckt. (sudelblog.de/?p=394)

12 Martin Rasper: „No Sports" hat Churchill nie gesagt. Das Buch der falschen Zitate. Ecowin Verlag, Salzburg: 2017

13 Geflügelte Worte. Der Zitatenschatz des deutschen Volkes. Gesammelt und erläutert von Georg Büchmann, fortgesetzt von Walter Robert-Tornow, 22. vermehrte und verbesserte Auflage, bearbeitet von Eduard Ippel, Verlag der Haude u. Spenerschen Buchhandlung, Berlin: 1905, S. 523f.

Dank

Ich bin sehr vielen Kolleg:innen, Freund:innen, Bekannten und Unbekannten für ihre Hinweise auf Kuckuckszitate und ihre Fragen zu problematischen Zitaten zu Dank verpflichtet, nicht nur jenen Personen, die ich bei den einzelnen Artikeln hier erwähnt habe. Mich freuen auch die kritischen und die freundlichen Kommentare zu meinen Zitate-Artikeln auf Twitter. Besonders danke ich meinem Verleger und Lektor Stefan Schlögl für seine Anregungen.

@krieghofer

Gerald Krieghofers Zitate-Blog:

falschzitate.blogspot.com

© Matthias Cremer

Gerald Krieghofer, Jahrgang 1953, ist Philosoph, Literaturwissenschaftler und Karl-Kraus-Experte. Seit 2014 betreibt der Wiener einen Blog, in dem er falsche Zitate und Kuckuckszitate nachweist.

Sein Twitter-Account ist Anlaufstelle für einschlägige Ratsuchende und Skeptiker:innen. Krieghofer ist als Experte und Faktenchecker im gesamten deutschen Sprachraum gefragt, u.a. in der ZEIT, Süddeutschen Zeitung, Frankfurter Allgemeinen Zeitung, für Deutschlandradio oder Focus.

Liebe Leserin,
lieber Leser,

hat Ihnen unser Buch gefallen?

Dann freuen wir uns über Ihre Weiterempfehlung! Und erzählen Sie davon. Ihren Freundinnen und Freunden, Ihrer Buchhändlerin oder Ihrem Buchhändler. Weil jede gute Geschichte davon lebt, weitergetragen zu werden.

/ StyriaBuchverlage
#falschezitate
#kuckuckszitate
#zitateforschung
#moldenverlag

Wollen Sie weitere Informationen zu unserem Programm? Möchten Sie mit dem Autor in Kontakt treten? Wir freuen uns auf Austausch und Anregung unter leserstimme@styriabooks.at

Inspiration, Geschenkideen und gute Geschichten finden Sie auf www.styriabooks.at

STYRIA
BUCHVERLAGE

Bücher aus der Verlagsgruppe Styria gibt es in jeder Buchhandlung und im Online-Shop
www.styriabooks.at
ISBN 978-3-222-15115-6

Projektleitung und Lektorat: Stefan Schlögl
Cover und Layout: Buero Blank – branding & design
Satz: Burghard List
Korrektorat: Teresa Profanter
Herstellungsleitung: Maria Schuster
Druck und Bindung: Finidr, Český Těšín
Printed in the EU
7 6 5 4 3 2 1